주장하지 말고
논증하라

상 대 를 설 득 하 는 4 5 가 지 논 증 전 략

주장하지 말고 논증하라

최 승 호

이담북스

논증이 주장의 질을 좌우한다

논증은 주장을 뒷받침하기 위해 체계적인 근거와 논리적 구조를 구축하는 과정으로, 단순히 의견을 표명하는 주장과는 달리 '왜 그 주장이 타당한지'를 설명하는 정당화 과정을 포함한다. 효과적인 논증은 상대방이 수용하길 원하는 결론이나 입장인 주장, 이를 지지하는 사실·데이터·전문가 의견·사례 등의 근거, 그리고 이 근거가 어떻게 주장을 지지하는지 연결하는 논리적 과정인 추론이라는, 세 가지 핵심 요소로 구성된다.

논증은 단순한 설득 기술이 아닌 체계적 사고의 결과물로, 철저한 준비, 상황 분석, 이해관계자에 대한 통찰을 바탕으로 구성되며, 궁극적으로는 상대방의 이해와 동의를 얻어내는 것을 목표로 한다. 비즈니스 환경에서 논증의 질은 의사결정, 위기관리, 협상 등 모든 커뮤니케이션의 성패를 좌우하는 핵심 요소다.

지난 25년간 위기 대응 컨설턴트로 활동하며 한 가지 뚜렷한 패턴을 발견했다. 기업이 위기에 취약한 이유는 대부분 주장의 내용이 아니라 논증의 부재 때문이다. 가장 명백한 사실도 취약한 논증으로 전달되면 의심받고, 가장 난처한 상황도 체계적 논증으로 설명되면 이해를 얻는다.

설득은 더 이상 선택이 아니다. 현대 사회에서 설득력은 리더십, 전문성, 영향력의 핵심 역량이 되었다. 그러나 많은 기업이 '주장하기'와 '논증하기'를 구분하지 못한 채 위기 상황에서 실패한다. 강한 주장만으로는 상대를 설득할 수 없다. 주장은 하나의 결론일 뿐이다. 위기 상황에서 이해관계자들은 그 결론에 이르기까지의 경로, 즉 논리적 정당성을 요구한다. 주장의 진정한 힘은 그것을 뒷받침하는 논증의 품질에서 나온다.

글로벌 대기업의 제품 리콜 사태, 금융기관의 데이터 유출 사고, 식품기업의 먹거리 안전 이슈까지 수많은 위기 극복에 성공한 기업들은 예외 없이 체계적 논증 전략을 구사했다. 그러나 비즈니스 현장에서는 이러한 논증의 실패 사례가 일상적이다. CEO 기자회견이 역효과를 낳고, 공식 성명이 공분을 사며, 사과문이 더 큰 불신을 초래하는 이유는 대부분 '무엇을 말했는가'보다 '어떻게 논증했는가'의 문제다. 효과적인 논증 없이는 아무리 진정성 있는 메시지도 빛을 보지 못한다.

이 책은 다양한 위기 상황에서 검증된 45가지 논증 전략을 체계화했다. 각 장은 논증의 핵심 요소를 단계적으로 다룬다. 제1장에서는 목적별 논증 전략을 소개한다. 설득, 설명, 반박이라는 세 가지 목적에 따라 최적의 접근법을 선택하는 방법을 배운다. 제2장은 설득력 있는 논거 개발에 초점을 맞춘다. 위기 상황에서 가치와 원칙, 전문가 의견, 데이터를 효과적으로 활용하는 방법을 다룬다. 제3장은 효과적인 논증 구조를 설계하는 방법을 다룬다. 위기 커뮤니케이션에서 주장 설정, 근거 배열, 논리 흐름 구성의 최적화 전략을 제시한다. 제4장은 논증을 강화하는 표현 기법을 소개한다. 민감한 상황에서 유추와 비유, 명확성과 간결성, 감정적 호소를 적절히 사용하는 방법을 설명한다. 제5장은 상대의 입장에 따른 맞춤형 전략을 다룬다. 우호적, 중립적, 적대적 이해관계자를 설득하는 차별화된 접근법을 제시한다.

내 경험에 따르면, 위기 상황에서 가장 위험한 것은 준비되지 않은 논증이다. 부실한 논증은 최고의 위기 대응팀도 무력화시킨다. 반면, 체계적 논증은 최악의 위기도 기회로 전환할 수 있는 잠재력이 있다. 논증은 단순한 레토릭이 아니다. 그것은 체계적 사고의 결과물이며, 철저한 준비와 이해관계자에 대한 깊은 이해를 바탕으로 한다. 성공적인 위기 대응은 화려한 언변이 아닌, 견고한 논증 구조에서 비롯된다.

주장의 질은 논증의 질에 의해 좌우된다. 이것이 25년 이상 위기 대응 경험에서 도출한 핵심 교훈이다. 그리고 그것이 당신이 이 책을 읽어야 할 이유다.

2025년 여름
최승호

목차

제3장 — 효과적인 논증 구조 설계

제4장 ── 논증 강화를 위한 표현 기법

제5장 — 상대 입장에 따른 논증 전략

제1장

목적에 따른 논증 전략

1

설득을 위한 논증 전략

설득은 단순한 주장이 아닌 체계적인 논증에 기반해야 한다. 이러한 논증 과정에서 핵심이 되는 세 가지 전략은 아리스토텔레스가 제시한 로고스(Logos), 파토스(Pathos), 에토스(Ethos)다.

로고스는 논리와 이성에 호소하는 전략이다. 객관적 데이터, 명확한 인과관계, 일관된 논리 구조를 통해 청중의 합리적 판단을 끌어낸다. 데이터 시각화, 단계적 논증 전개, 다각도 증거 제시 등을 통해 주장의 타당성을 입증한다.

파토스는 감정에 호소하는 전략이다. 청중의 감정 상태를 파악하고 공감을 표현하며, 개인적 이야기와 생생한 묘사를 통해 감정적 연결을 구축한다. 이는 단순한 정보 전달을 넘어 청중의 마음을 움직이는 강력한 도구다.

에토스는 화자의 신뢰성과 권위를 바탕으로 하는 전략이다. 전문성과 자격을 제시하고, 윤리적 가치관을 표현하며, 투명한 소통을 통해 신뢰를 구축한다. 에토스는 단기적 설득을 넘어 장기적인 관계 형성의 기반이 된다.

효과적인 설득은 이 세 가지 전략의 균형 잡힌 활용에서 비롯된다. 로고스만으로는 감정적 공감을 얻기 어렵고, 파토스만으로는 깊이 있는 설득이 불가능하며, 에토스 없이는 메시지 자체의 신뢰도가 하락한다. 상황과 청중에 따라 이 세 요소의 비중을 전략적으로 조정하는 것이 성공적인 설득의 핵심이다.

(1) 로고스 활용하기: 논리적 추론(Logical Reasoning)

로고스는 논리적 추론과 객관적 증거를 통해 청중을 설득하는 방법이다. 위기 상황이나 분쟁에서 강력한 논리는 회사의 입장을 효과적으로 전달하는 핵심 요소다. 로고스를 활용한 논증은 청중의 이성에 호소하여 신뢰를 구축하고 회사의 입장을 설득력 있게 전달할 수 있다.

◆　핵심 기법

　논리적 추론(Logical Reasoning)은 로고스 활용의 핵심 요소로, 주
어진 전제에서 합리적 과정을 거쳐 결론을 도출하는 사고방식이
다. 연역법, 귀납법, 유비 추론 등의 방법을 포함하며, 명확한 전제
설정, 논리적 연결성 확보, 단계적 논증 전개가 중요하다. 이를 통
해 상대의 이성에 호소하여 주장의 타당성을 입증하고 설득력을
높일 수 있다. 로고스 활용 시 논리적 추론을 적절히 활용하면 더
욱더 체계적이고 설득력 있는 논증을 구성할 수 있다. 주요 방법
은 다음과 같다.

① 명확한 인과관계 제시: 주장과 그 근거 사이의 논리적 연결
　을 명확히 한다.
② 객관적 데이터 활용: 신뢰할 수 있는 출처의 데이터를 사용
　하여 주장을 뒷받침한다.
③ 논리적 일관성 유지: 전체 논증 과정에서 일관된 논리를 유
　지한다.
④ 주장-근거-결론 구조 사용: 핵심 메시지, 이를 뒷받침하는
　증거, 논리적 결론을 순차적으로 제시한다.
⑤ 정보 시각화: 복잡한 데이터를 그래프나 차트로 시각화하여
　이해를 돕는다.

⑥ 예상 반론 대비: 가능한 반론을 미리 예측하고 이에 대한 논리적 대응을 준비한다.

⑦ 단계적 논증 전개: 복잡한 주장의 경우, 단계별로 논리를 전개한다.

⑧ 다각도 증거 제시: 다양한 각도에서 증거를 제시하여 주장의 신뢰성을 높인다.

♦ 활용 예시

로고스 전략을 적용한 활용 예시를 살펴보자. 가령 A전자의 신제품에서 안전 문제가 제기된 상황을 가정해 보자. 이럴 때 로고스를 활용한 입장문은 다음과 같이 작성될 수 있다.

A전자는 고객 안전을 최우선으로 생각합니다. 최근 제기된 제품 안전성 우려에 대해 다음과 같이 설명해 드립니다.

(철저한 품질 관리) 당사 제품은 출시 전 국제 안전 기준의 120% 수준의 테스트를 거칩니다. 지난 분기 품질 검사 통과율은 99.98%입니다.

(독립적 검증) 세계적인 제품 안전 인증기관 B社의 검증 결과, 당사 제품은 모든 안전 기준을 충족했습니다.

(지속적인 모니터링) 출시 후에도 실시간 사용자 피드백 시스템을 통해 제품 안전성을 지속 관리합니다. 현재까지 보고된 안전 문제는 0.001% 미만입니다.

이러한 객관적 데이터는 당사 제품의 안전성을 명확히 입증합니다. A전자는 앞으로도 끊임없는 기술 혁신과 품질 관리를 통해 고객 신뢰에 보답하겠습니다.

이 입장문에서 볼 수 있듯이, 구체적인 수치와 객관적인 데이터를 활용하여 제품의 안전성을 논리적으로 설명하고 있다. 또한 국제 기준, 독립적 검증, 지속적 모니터링 등 다각도의 증거를 제시하여 주장의 신뢰성을 높이고 있다.

♦ 고려 사항

로고스를 활용할 때는 몇 가지 중요한 점을 유념해야 한다. 먼저, 검증이 가능한 사실만을 제시하고 과장된 주장은 피해야 한다. 신뢰성이 무너지면 전체 논증의 설득력이 크게 손상될 수 있기 때문이다. 또한 기술적 용어나 복잡한 통계를 사용할 때는 청중이 쉽게 이해할 수 있도록 풀어서 설명하는 것이 중요하다.

모든 이해관계자가 이해할 수 있는 수준으로 내용을 조절하는 것도 필수적이다. 너무 전문적이거나 어려운 내용은 청중과의 소통을 방해할 수 있다. 전체 논리의 흐름이 자연스럽고, 일관되게 유지되는지 확인하는 것도 중요한 과정이다. 논리적 비약이나 모순이 있다면 즉시 발견되어 신뢰도가 하락할 위험이 있다.

균형 잡힌 시각을 유지하기 위해 주장의 장점뿐만 아니라 잠재적 한계점도 함께 언급하는 것이 바람직하다. 이는 오히려 논증의 객관성과 신뢰성을 높이는 효과가 있다. 또한 새로운 증거나 상황 변화에 따라 논리를 조정할 수 있는 유연성을 확보하는 것도 필요하다. 경직된 주장은 변화하는 상황에서 취약해질 수 있기 때문이다.

사용된 데이터나 정보의 출처를 명확히 밝히는 것은 논증의 신뢰성을 높이는 데 필수적이다. 마지막으로, 로고스는 이성적 논증에 중점을 두므로 감정에 호소하는 표현은 자제하고 객관적이고 논리적인 접근을 유지하는 것이 효과적이다.

(2) 파토스 활용하기: 감정 호소(Appeal to Emotion)

파토스는 청중의 감정에 호소하여 설득력을 높이는 논증 전략이다. 위기 상황이나 경쟁사와의 분쟁에서 적절한 감정적 호소는 회사의 입장을 더욱더 효과적으로 전달할 수 있다. 파토스를 활용할 때는 감정의 과도한 사용을 경계하면서도, 상황에 맞는 적절한 감정적 톤을 유지하는 것이 중요하다.

♦ 핵심 기법

감정 호소(Appeal to Emotion)는 파토스 활용의 핵심 요소로, 청중의 감정을 자극하여 설득력을 높이는 기법이다. 이는 공감, 희망, 두려움, 자부심 등 다양한 감정을 활용할 수 있다. 효과적인 감정 호소를 위해서는 청중의 감정 상태를 정확히 파악하고, 상황에 적합한 감정을 불러일으키는 것이 중요하다. 개인적 이야기, 생생한 묘사, 감정을 잘 표현하는 언어 선택 등을 통해 청중과 감정적 연결을 만들어낼 수 있다. 단, 과도한 감정 호소는 신뢰도를 떨어뜨릴 수 있으므로 로고스와의 균형을 유지하는 것이 중요하다. 적절히 활용된 감정 호소는 메시지의 영향력을 크게 높일 수 있다. 주요 방법은 다음과 같다.

① 감정 상태 파악: 설득 대상의 현재 감정 상태(불안, 분노, 실망 등)를 정확히 이해한다.
② 감정 인지와 공감: 파악한 감정을 인지하고 이에 공감하는 태도를 보인다.
③ 개인적 이야기 활용: CEO의 경험이나 직원들의 노력 등 개인적 사례를 공유한다.
④ 긍정적 감정 유발: 비전이나 희망과 같은 긍정적 감정을 불러일으키는 메시지를 전달한다.
⑤ 감정적 언어 선택: 감정을 잘 표현하는 단어나 문구를 적절히 사용한다.
⑥ 진정성 있는 표현: "고객의 신뢰를 가슴 깊이 소중히 여깁니다"와 같은 진정성 있는 표현을 사용한다.

♦ 활용 예시

다음은 A전자가 출시한 제품 결함으로 인한 위기 상황에서 파
토스를 활용한 입장문의 예시다.

> 먼저 이번 사태로 불편을 겪으신 고객 여러분께 진심으로 사과의 말씀을 드립니다.
> 여러분의 실망과 불안한 마음을 잘 알고 있습니다.
>
> 저희 A전자는 창립 이래 50년간 고객 여러분의 신뢰 속에서 성장해 왔습니다. 이
> 번 사태는 저희에게도 큰 충격과 반성의 계기가 되었습니다. 특히 저는 CEO로서
> 이 상황에 대해 무거운 책임감을 느끼고 있습니다.
>
> 지난밤 결함이 발견된 제품을 사용 중인 한 가정을 직접 방문했습니다. 그 가정의
> 아이들이 우리 제품을 믿고 사용하는 모습을 보며, 제품 하나하나가 얼마나 소중한
> 신뢰로 만들어졌는지 다시 한번 깨달았습니다.
>
> 앞으로 저희는 이 신뢰를 회복하기 위해 최선을 다하겠습니다. 모든 직원들과 함
> 께 밤낮없이 노력하여 이 문제를 해결하고, 더 나은 제품으로 여러분께 보답하겠
> 습니다.
>
> A전자는 고객 여러분의 기대에 부응하는 안전하고 혁신적인 제품으로 다시 찾아뵙
> 겠습니다. 여러분의 이해와 지속적인 관심을 부탁드립니다.

이 예시에서는 고객의 감정을 인지하고 공감하는 것으로 시작
하여, CEO의 개인적 경험을 통해 진정성을 전달하고 있다. 또한
회사의 역사와 가치를 언급하며 감정적 유대감을 형성하고, 미래
에 대한 희망적 메시지로 마무리하고 있다.

파토스를 활용할 때는 몇 가지 중요한 점을 유념해야 한다. 먼저, 감정에 지나치게 의존하여 논리성을 잃지 않도록 주의해야 한다. 감정적 호소가 효과적이려면 사실과 논리에 기반을 두어야 하며, 감정만으로 메시지를 구성할 경우 설득력이 떨어질 수 있다.

상황에 맞지 않는 과도한 감정 표현은 오히려 신뢰를 떨어뜨릴 수 있으므로 적절한 균형을 유지하는 것이 중요하다. 특히 위기 상황에서는 감정의 강도를 적절히 조절하여 진정성을 유지해야 한다.

다양한 이해관계자들에게 보편적으로 받아들여질 수 있는 감정적 표현을 선택하는 것도 중요하다. 문화적 배경, 세대, 지역에 따라 같은 감정적 표현도 다르게 해석될 수 있으므로 글로벌 소통 시에는 특히 주의가 필요하다.

과장되거나 부적절한 감정 표현은 피해야 한다. 진실하고 진정성 있는 감정 표현만이 청중의 공감을 얻을 수 있으며, 과장된 감정은 오히려 신뢰도를 훼손할 수 있다. 메시지의 진정성은 감정 호소의 핵심 요소이다.

마지막으로, 각 상황에 맞는 적절한 감정 표현을 선택해야 한다. 제품 결함과 같은 위기 상황에서는 진심 어린 유감 표현이 필요할 수 있으나, 새로운 비전 제시에는 열정과 희망을 불러일으키는 감정이 적합할 수 있다. 상황과 맥락에 맞는 감정 표현을 선택하는 것이 파토스 활용의 성공 여부를 결정짓는 중요한 요소이다.

(3) 에토스 구축하기: 신뢰성 확립(Establishing Credibility)

에토스는 화자의 신뢰성과 권위를 바탕으로 청중을 설득하는 전략이다. 기업의 위기 상황이나 경쟁사와의 분쟁에서 에토스는 회사의 입장을 효과적으로 전달하고 신뢰를 회복하는 데 핵심적인 역할을 한다. 에토스를 구축하는 것은 단순히 현재 상황을 다루는 것을 넘어, 장기적인 기업 이미지와 평판 관리의 중요한 부분이다.

♦   핵심 기법

신뢰성 확립(Establishing Credibility)은 에토스 구축의 핵심 요소로, 화자나 조직의 전문성, 정직성, 신뢰성을 강조하여 청중의 신뢰를 얻는 전략이다. 이 전략은 제3자 인증을 활용하여 독립적인 평가를 통해 신뢰성을 보강하고, 위기 상황에서는 솔직한 태도와 명확한 문제해결 계획을 제시하는 것을 포함한다.

신뢰성 확립은 단기적 설득뿐만 아니라 장기적인 관계 구축에도 중요하며, 논리적 근거(로고스)와 감정적 호소(파토스)와 균형을 이루어 사용될 때 가장 효과적이다. 그러나 과장이나 허위 정보는 신뢰성을 크게 훼손할 수 있으므로 주의해야 한다. 에토스 구축을 위한 신뢰성 확립 전략은 다음과 같다.

① 전문성과 자격 제시: 관련 분야의 경험, 자격, 전문 지식을 적절히 언급한다.
② 윤리적 가치관 표현: 공정성, 정직함, 책임감 등 윤리적 가치를 행동으로 보여준다.
③ 일관된 메시지 유지: 모든 커뮤니케이션에서 일관된 입장과 가치를 유지한다.
④ 투명한 소통: 정보를 숨기지 않고 투명하게 공개하여 신뢰를 구축한다.
⑤ 공감 능력 보여주기: 청중의 관심사와 우려를 이해하고 있음을 드러낸다.
⑥ 외부 인증 활용: 제3자의 인증, 추천, 평가 등을 통한 객관적 신뢰성을 확보한다.
⑦ 자기 이익 배제: 공동의 이익이나 더 큰 선을 위한 결정임을

보여준다.

⑧ 적절한 자기 노출: 개인적 경험이나 사례를 공유하여 인간적 연결을 형성한다.

♦ 활용 예시

다음은 제품 품질 문제로 인한 위기 상황에서 에토스를 활용한 입장문의 예시다.

A전자는 50년간 혁신적이고 안전한 제품으로 고객 여러분의 신뢰를 쌓아왔습니다. 우리는 항상 최고의 품질 기준을 고수해 왔으며, 이는 지난 10년간 연속 품질 만족도 1위 달성으로 입증된 바 있습니다.

이번 사태에 대해 저희는 깊은 책임감을 느끼고 있습니다. A전자의 CEO인 저는 30년간 품질 관리 분야에서 경력을 쌓아왔으며, 현재 국제 품질 관리 협회의 이사직을 맡고 있습니다. 이러한 경험과 전문성을 바탕으로, 저희는 이번 문제를 철저히 조사하고 해결할 것을 약속드립니다.

현재 세계적인 품질 인증 기관인 B사와 협력하여 철저한 조사를 진행 중입니다. 조사 결과는 투명하게 공개될 것이며, 필요한 모든 조치를 신속하게 취하겠습니다.

이 입장문에서는 회사의 과거 실적, CEO의 전문성, 외부 기관과의 협력, 투명한 정보 공개 약속, 그리고 신속한 조치 계획을 통해 회사의 에토스를 구축하고 있다. 이러한 요소들을 통해 기업의 신뢰성과 책임감을 확립하고 있다.

♦ 고려 사항

에토스를 구축할 때는 몇 가지 중요한 점을 유념해야 한다. 먼저, 신뢰성은 일회성 행동이 아닌 일관된 메시지와 행동을 통해 장기간에 걸쳐 구축되는 것임을 인식해야 한다. 단기적인 이미지 관리가 아닌 지속적인 가치 실천이 필요하다.

과장된 전문성 주장은 오히려 신뢰를 손상시킬 수 있으므로, 실제 경험과 자격에 기반한 주장만을 해야 한다. 청중의 기대와 가치관을 고려하여 적절한 수준의 자기 노출과 공감을 표현하는 것이 중요하다. 너무 개인적이거나 부적절한 정보를 공유하면 역효과가 날 수 있다.

또한 위기 상황에서 투명성과 책임감 있는 태도가 장기적인 신뢰 구축에 결정적임을 명심해야 한다. 문제를 축소하거나 책임을 회피하는 것은 에토스를 크게 해칠 수 있다. 제3자의 인증이나 보증을 활용할 때는 그 출처의 신뢰성이 확보되어야 하며, 검증이 가능한 정보만을 사용해야 한다.

윤리적 딜레마 상황에서는 단기적 이익보다 장기적 신뢰와 평판을 고려한 결정을 내리는 것이 중요하다. 마지막으로, 청중의 다양성을 고려하여 서로 다른 배경과 가치관을 가진 대상에게 모두 신뢰를 줄 수 있는 보편적 가치에 기반한 메시지를 전달하는 것이 효과적이다.

2

설명을 위한 논증 전략

설명은 복잡한 개념이나 정보를 이해하기 쉽게 전달하는 과정이다. 효과적인 설명을 위한 논증 전략은 세 가지 핵심 요소로 구성된다.

개념 명확화는 설명의 기본이다. 복잡한 아이디어를 전달할 때 명확한 정의와 용어 사용은 오해를 방지하고 정확한 이해를 촉진한다. 핵심 용어를 명확히 정의하고, 일관되게 사용하며, 모호한 표현을 피하는 접근법이 중요하다. 전문 용어를 사용할 때는 이를 풀어서 설명하고, 필요시 비유와 예시를 활용해 개념을 구체화해야 한다.

유추를 통한 설명은 추상적 개념을 친숙한 대상에 빗대어 이해를 돕는다. 유추는 청중의 기존 지식을 활용해 새로운 정보를 연결함으로써 인지적 부담을 줄인다. 효과적인 유추는 대상의 핵심 특성을 정확히 반영하고, 단순하면서도 기억에 남는 이미지를 제공한다. 복잡한 과학 개념이나 기술적 프로세스를 설명할 때 특히 유용하다.

체계적 논증은 정보를 논리적 순서로 배열하여 단계별로 이해를 구축한다. 이는 마치 건물을 층층이 쌓아 올리듯 지식을 체계적으로 구성하는 방법이다. 선행 지식에서 출발해 점진적으로 복잡한 내용으로 나아가며, 각 단계마다 청중의 이해를 확인하는 과정이 중요하다. 명확한 전환어를 사용하고 중간 요약을 제공하면 청중이 논리 흐름을 따라가는 데 도움이 된다.

이 세 가지 전략을 상황에 맞게 조합하고 활용함으로써, 가장 복잡한 주제도 명확하고 접근이 가능한 방식으로 전달할 수 있다. 효과적인 설명은 단순히 정보를 나열하는 것이 아니라, 청중이 그 정보를 자신의 지식 구조에 통합할 수 있도록 돕는 과정이다.

(4) 명확한 정의와 용어 사용:
개념 명확화(Concept Clarification)

명확한 정의와 용어 사용은 설명을 위한 논증 전략의 핵심이다. 특히 복잡한 상황을 설명하거나 전문적인 내용을 전달할 때 이 전략은 매우 중요하다. 명확한 정의와 용어를 사용함으로써 오해를 줄이고, 메시지의 정확한 전달을 보장할 수 있다.

◆   핵심 기법

개념 명확화(Concept Clarification)는 복잡하거나 모호한 아이디어를 명확하고 이해하기 쉽게 설명하는 기법이다. 이는 정확한 정의 제시, 용어 분해, 예시 활용, 비교와 대조 등을 통해 이루어진다. 이 기법의 핵심은 청중의 이해 수준을 고려하여 개념을 재구성하고, 필요한 경우 시각적 도구를 활용하여 명확성을 높이는 것이다. 개념 명확화를 통해 논증의 기반을 튼튼히 하고, 복잡한 아이디어를 효과적으로 전달할 수 있다. 이 전략을 효과적으로 활용하기 위해서는 다음과 같은 방법을 고려해야 한다.

① 핵심 용어 정의: 논증에서 중요한 역할을 하는 용어들을 명확히 정의한다. 이는 특히 다양한 해석이 가능한 용어나 업계 특유의 전문 용어를 사용할 때 중요하다.

② 일관성 유지: 한 번 정의한 용어는 일관되게 사용해야 한다. 같은 개념에 대해 다른 표현을 사용하면 혼란을 줄 수 있다.

③ 쉬운 언어 사용: 가능한 한 일반 대중이 이해하기 쉬운 언어를 사용한다. 전문 용어를 사용해야 할 경우, 이를 쉽게 풀어서 설명한다.

④ 모호한 표현 피하기: '아마도', '대략', '거의' 등과 같은 모호한 표현은 가급적 피하고, 구체적이고 명확한 표현을 사용한다.

⑤ 비유와 예시 활용: 복잡한 개념을 설명할 때는 적절한 비유나 구체적인 예시를 활용하여 이해를 돕는다.

◆　활용 예시

다음은 기술 기업의 새로운 개인정보 보호 정책을 설명하는 상황에서 명확한 정의와 용어를 사용한 예시다.

우리 회사는 새로운 '데이터 보안 강화 정책'을 도입했습니다. 여기서 '데이터'란 고객의 이름, 주소, 구매 이력 등 개인을 식별할 수 있는 모든 정보를 의미합니다.

'보안 강화'란 구체적으로 다음 세 가지 조치를 포함합니다.

1. 암호화: 모든 고객 데이터를 업계 최고 수준의 AES-256 암호화 기술로 보호합니다. 쉽게 말해, 데이터를 해독 불가능한 코드로 변환하여 저장한다는 뜻입니다.

> 2. 접근 제한: '최소 권한 원칙'을 적용합니다. 이는 업무상 꼭 필요한 직원에게만 제한적으로 데이터 접근 권한을 부여한다는 의미입니다.
>
> 3. 정기 감사: 분기별로 외부 전문 기관의 보안 감사를 받습니다. 감사란 우리의 보안 시스템이 제대로 작동하는지 객관적으로 검증받는 과정입니다.
>
> 이러한 '데이터 보안 강화 정책'을 통해 우리는 고객의 개인정보를 더욱 안전하게 보호할 수 있게 되었습니다.

이 예시에서는 '데이터', '보안 강화', '암호화', '최소 권한 원칙', '감사' 등의 핵심 용어를 명확히 정의하고 있다. 또한 전문적인 용어(예: AES-256)를 사용할 때는 이를 쉽게 풀어 설명하고 있다.

◆ 고려 사항

명확한 정의와 용어 사용 전략을 효과적으로 활용하기 위해서는 몇 가지 중요한 점을 고려해야 한다. 우선, 과도한 전문 용어 사용은 의사소통의 장벽을 만들 수 있다. 전문가들 사이의 대화가 아닌 경우, 꼭 필요한 상황이 아니라면 전문 용어보다는 일반적인 용어를 선택하는 것이 바람직하다. 전문 용어를 사용해야 할 경우에는 간결하고 명확한 부연 설명을 함께 제공하여 모든 청중이 이해할 수 있도록 배려해야 한다.

또한, 정의를 설명할 때는 핵심 요소에 집중하여 간결하게 정리하는 것이 중요하다. 너무 길고 복잡한 정의는 오히려 혼란을 가중시킬 수 있으므로, 본질적인 내용만을 포함하여 명확하게 전달해야 한다. 불필요한 세부 사항이나 부가 설명은 오히려 핵심 개념을 흐릴 수 있다는 점을 염두에 두어야 한다.

글로벌 환경에서 소통할 때는 문화적 차이를 세심하게 고려해야 한다. 동일한 용어나 개념이라도 문화권에 따라 다르게 해석될 수 있기 때문에, 국제적인 청중을 대상으로 할 때는 문화적 맥락을 고려한 추가 설명이나 예시를 제공하는 것이 효과적이다. 이를 통해 문화적 오해를 방지하고 더 정확한 의사소통이 가능해진다.

특히 법적 책임이 수반될 수 있는 민감한 사안에 대해 커뮤니케이션할 때는 각별한 주의가 필요하다. 이런 경우에는 법률 전문가의 조언을 바탕으로 용어를 정의하고 사용하는 것이 중요하다. 잘못된 용어 사용이나 모호한 표현은 법적 분쟁으로 이어질 수 있으므로, 정확성과 명확성에 더욱 주의를 기울여야 한다.

(5) 예시와 비유:
유추를 통한 설명(Explanation by Analogy)

예시와 비유를 통한 설명은 복잡한 개념이나 상황을 보다 쉽고 직관적으로 이해시키는 강력한 도구다. 이 전략은 특히 기술적인 내용이나 추상적인 개념을 일반 대중에게 전달할 때 매우 효과적이다. 이 기법을 잘 활용하면, 어려운 메시지도 청중이 쉽게 이해하고 기억할 수 있게 된다.

◆   핵심 기법

유추를 통한 설명(Explanation by Analogy)은 복잡하거나 낯선 개념을 친숙한 개념에 비유하여 이해를 돕는 기법이다. 이 방법은 추상적인 아이디어를 구체화하고, 복잡한 정보를 단순화하여 전달한다. 유추는 청중의 경험과 지식을 활용하여 새로운 정보를 기존의 인지 구조에 연결시킨다. 이를 통해 정보의 습득과 기억을 용이하게 하고, 복잡한 아이디어에 대한 직관적 이해를 촉진한다. 효과적인 유추는 설명의 명확성을 높이고 메시지의 영향력을 증대시킨다. 예시와 비유를 효과적으로 사용하기 위한 주요 방법은 다음과 같다.

① 친숙한 개념 활용: 청중이 이미 알고 있는 개념이나 경험을 활용하여 새로운 아이디어를 설명한다.
② 구체성 확보: 추상적인 개념을 구체적인 상황이나 사물에 비유하여 이해를 돕는다.

③ 시각적 이미지 사용: 머릿속에 그림을 그릴 수 있는 비유를 사용하면 기억에 오래 남는다.

④ 다양한 예시 제공: 하나의 예시로는 부족할 수 있으므로, 다양한 각도에서 여러 예시를 제시한다.

⑤ 적절성 유지: 상황과 청중에게 맞는 적절한 예시와 비유를 선택한다.

♦ 활용 예시

다음은 클라우드 컴퓨팅 서비스를 일반 고객에게 설명하는 상황에서 예시와 비유를 활용한 예시다.

클라우드 컴퓨팅은 마치 전기 공급 시스템과 같습니다. 과거에는 공장마다 자체 발전기를 가지고 있었지만, 현재는 중앙 발전소에서 필요한 만큼의 전기를 공급받아 사용합니다. 클라우드도 이와 비슷합니다.

예를 들어, 우리 회사의 클라우드 서비스를 사용하면:

1. 컴퓨터 저장 공간: 여러분의 스마트폰에 1TB의 저장 공간이 추가되는 것과 같습니다. 더 이상 '용량 부족' 메시지로 고민하지 않아도 됩니다.

2. 컴퓨팅 파워: 게임을 예로 들면, 최신 게임을 즐기기 위해 고성능 컴퓨터를 살 필요 없이, 클라우드를 통해 어떤 기기에서든 최고 사양의 게임을 즐길 수 있습니다.

3. 소프트웨어 사용: 도서관에서 책을 빌리는 것처럼, 필요한 소프트웨어를 클라우드에서 빌려 사용할 수 있습니다. 비싼 프로그램을 구매할 필요가 없죠.

---

4. 데이터 백업: 중요한 문서를 금고에 보관하는 것처럼, 클라우드는 여러분의 중요한 데이터를 안전하게 보관합니다. 컴퓨터가 고장 나도 데이터는 안전합니다.

이처럼 클라우드 컴퓨팅은 마치 유틸리티 서비스처럼, 필요한 만큼 컴퓨팅 자원을 사용하고 그에 대한 비용만 지불하면 되는 편리한 서비스입니다.

이 예시에서는 전기 공급 시스템, 스마트폰 저장 공간, 게임, 도서관, 금고 등 일상생활에서 친숙한 개념들을 활용하여 클라우드 컴퓨팅의 다양한 측면을 설명하고 있다.

◆ 고려 사항

예시와 비유를 효과적으로 사용하기 위해서는 몇 가지 중요한 점들을 고려해야 한다. 우선, 과도한 단순화에 주의해야 한다. 비유는 본질적으로 원래 개념을 단순화하는 과정을 포함하지만, 지나친 단순화는 원 개념의 중요한 측면이나 뉘앙스를 놓치게 만들 수 있다. 따라서 비유가 원래 개념의 핵심 요소들을 적절히 포함하고 있는지 반드시 확인해야 한다.

또한, 문화적 차이를 고려하는 것이 매우 중요하다. 특정 문화권에서만 이해되는 비유나 예시는 다른 문화권의 청중에게는 혼란을 줄 수 있다. 국제적인 청중을 대상으로 할 때는 가능한 한 보편적이고 문화적 경계를 넘어 이해될 수 있는 예시를 선택하는 것이 바람직하다.

비유가 의도치 않게 부정적인 이미지나 연상을 불러일으킬 가능성도 고려해야 한다. 특히 민감한 주제를 다룰 때는 사용하는 비유가 특정 집단에 대한 고정관념을 강화하거나 불쾌감을 줄 수 있는지 신중하게 검토해야 한다.

비유와 예시는 적절한 양으로 사용해야 효과적이다. 너무 많은 비유나 예시를 연이어 사용하면 오히려 메시지가 산만해지고 핵심 내용이 희석될 수 있다. 핵심 개념을 설명하는 데 가장 효과적인 한두 가지 비유나 예시에 집중하는 것이 바람직하다.

마지막으로, 비유의 정확성을 유지하는 것이 중요하다. 비유가 실제 상황과 크게 다르다면 오히려 잘못된 이해를 초래할 수 있다. 따라서 비유가 현실을 적절히 반영하고 있는지 항상 점검해야 한다.

(6) 단계별 논리 전개: 체계적 논증(Systematic Argumentation)

단계별 논리 전개는 복잡한 정보나 프로세스를 체계적이고 이해하기 쉽게 설명하는 효과적인 방법이다. 이 전략은 청중이 논리의 흐름을 따라가며 점진적으로 이해를 쌓아갈 수 있도록 돕는다.

체계적 논증(Systematic Argumentation)은 복잡한 정보나 프로세스를 논리적 순서에 따라 단계별로 설명하는 기법이다. 이 방법은 정보를 순차적으로 구성하고, 각 단계를 명확히 구분하며, 단계 간 연결성을 강조한다. 중간 요약과 시각적 보조 자료를 활용하여 이해를 돕는다. 체계적 논증은 청중이 논리의 흐름을 따라가며 점진적으로 이해를 쌓아갈 수 있게 하여, 복잡한 아이디어나 과정을 효과적으로 전달한다. 이 기법은 특히 기업의 의사결정 과정, 전략 설명, 복잡한 절차 소개 등에 유용하다. 단계별 논리 전개를 효과적으로 사용하기 위한 주요 방법은 다음과 같다.

① 순차적 구성: 정보를 논리적 순서에 따라 단계별로 배열한다.

② 명확한 단계 구분: 각 단계를 명확히 구분하고, 필요시 번호나 bullet point를 사용한다.

③ 연결성 강조: 각 단계 간의 연결성을 설명하여 전체적인 흐름을 이해시킨다.

④ 중간 요약: 복잡한 과정의 경우, 주요 지점에서 중간 요약을 제공한다.

⑤ 시각적 보조 자료 활용: 필요시 흐름도나 도표를 사용하여 이해를 돕는다.

♦   활용 예시

　다음은 기업의 신제품 개발 과정을 설명하는 상황에서 단계별 논리 전개를 활용한 예시다.

우리 회사의 혁신적인 신제품은 다음의 5단계를 거쳐 탄생합니다.

1단계: 아이디어 발굴
– 시장 조사를 통해 고객 니즈를 파악합니다.
– 사내 아이디어 공모전을 통해 창의적인 제안을 수집합니다.
– 이 과정에서 약 100개의 아이디어가 모입니다.

2단계: 아이디어 선별
– 기술적 실현 가능성, 시장성, 회사의 전략 방향성을 기준으로 평가합니다.
– 최종적으로 10개의 유망 아이디어를 선정합니다.

3단계: 프로토타입 개발
– 선정된 아이디어에 대해 초기 설계를 진행합니다.
– 3D 프린팅 기술을 활용하여 빠르게 프로토타입을 제작합니다.
– 이 단계에서 5개의 프로토타입이 만들어집니다.

4단계: 테스트 및 개선
– 프로토타입에 대한 내부 테스트를 진행합니다.
– 선별된 고객 그룹을 대상으로 사용자 테스트를 실시합니다.
– 수집된 피드백을 바탕으로 디자인과 기능을 개선합니다.
– 이 과정을 통해 2–3개의 최종 후보가 선정됩니다.

5단계: 최종 제품 선정 및 출시 준비
– 경영진 회의를 통해 최종 제품을 선정합니다.

> – 마케팅 전략을 수립하고 대량 생산을 준비합니다.
> – 품질 관리 시스템을 가동하여 제품의 안정성을 최종 점검합니다.
>
> 이러한 5단계의 과정을 거쳐, 평균 12개월 만에 혁신적인 신제품이 탄생하게 됩니다. 각 단계마다 엄격한 품질 기준과 고객 중심 철학이 적용되어, 최고의 제품만을 선보이게 되는 것입니다.

이 예시에서는 신제품 개발 과정을 5개의 명확한 단계로 나누어 설명하고 있다. 각 단계별로 주요 활동과 결과를 제시하여 전체 프로세스의 흐름을 이해하기 쉽게 만들었다.

◆　고려 사항

단계별 논리 전개를 효과적으로 활용하기 위해서는 몇 가지 중요한 고려 사항이 있다. 우선 적절한 상세도를 유지하는 것이 중요하다. 너무 많은 단계로 나누거나 각 단계에서 지나치게 상세한 설명을 제공하면 오히려 청중이 핵심을 놓치고 혼란스러워할 수 있다. 각 상황과 주제에 맞는 적절한 복잡성 수준을 판단하여 설명의 깊이를 조절해야 한다.

일관성 유지도 성공적인 단계별 논리 전개의 핵심 요소다. 각 단계의 설명 방식, 상세도, 형식 등을 일관되게 유지해야 청중이 전체적인 흐름을 따라가기 쉽다. 일부 단계만 지나치게 상세하거나 간략하게 설명하면 전체적인 균형이 깨져 이해도가 떨어질 수 있다.

각 단계에서 핵심 포인트를 명확히 강조하는 것도 중요하다. 단계마다 청중이 반드시 기억해야 할 가장 중요한 정보가 무엇인지 분명히 하고, 이를 강조해야 한다. 이는 청중이 정보의 우선순위를 파악하고 핵심 내용을 효과적으로 기억하는 데 도움이 된다.

실제 비즈니스 환경에서 프로세스는 항상 완벽하게 선형적이지 않을 수 있다는 점을 인정하는 유연성도 필요하다. 실제 상황에서는 일부 단계가 동시에 진행되거나, 반복될 수 있으며, 때로는 건너뛰기도 한다. 설명 과정에서 이러한 가능성을 언급하면 더욱더 현실적이고 신뢰할 수 있는 프레젠테이션이 된다.

마지막으로, 항상 청중의 배경지식과 전문성 수준을 고려해야 한다. 전문가 집단에는 기술적인 세부 사항을 더 자세히 설명할 수 있지만, 일반 대중이나 다양한 배경을 가진 청중에게는 더 기본적인 수준에서 접근해야 할 수 있다. 청중에 따라 설명의 깊이와 사용하는 전문 용어를 적절히 조절하는 것이 중요하다.

3

반박을 위한 논증 전략

반박은 상대방 주장의 한계를 드러내고 대안적 시각을 제시하는 고도의 논증 기술이다. 효과적인 반박은 세 가지 핵심 전략으로 구성된다.

논리적 반박은 상대방 논거의 구조적 취약점을 체계적으로 분석하는 접근법이다. 이는 논리적 비약, 인과관계 오류, 데이터 신뢰성 문제 등을 식별하는 과정을 포함한다. 효과적인 논리적 반박은 인신공격이 아닌 논점 자체에 집중하고, 객관적 사실과 데이터에 기반해야 한다. 상대방 주장의 맥락을 고려하고 대안적 해석 가능성을 탐색함으로써 논증의 취약성을 드러낼 수 있다.

창의적 해결책 제시는 단순한 비판을 넘어 건설적인 대안을 제시하는 전략이다. 이는 문제의 근본 원인을 파악하고, 실현이 가능한 해결책을 개발하는 접근을 요구한다. 효과적인 대안 제시는 구체적 실행 계획, 장단점 분석, 기존 해결책과의 차별점을 명확히 해야 한다. 여러 이해관계자의 니즈를 고려한 균형 잡힌 해결책은 반박의 설득력을 크게 향상시킨다.

반증 사례 제시는 상대방 주장의 보편성이나 절대성을 무너뜨리는 구체적 사례를 활용하는 전략이다. 하나의 반례만으로도 일반화된 주장의 타당성을 효과적으로 의문시할 수 있다. 반증 사례는 정확성, 관련성, 대표성을 갖추어야 하며, 단순한 예외가 아닌 의미 있는 반례여야 한다.

세 전략을 효과적으로 조합하면 강력한 반박 논증이 가능하다. 논리적 반박으로 상대방 주장의 한계를 드러내고, 창의적 해결책으로 건설적인 대안을 제시하며, 반증 사례로 주장의 일반화 가능성에 의문을 제기하는 접근법이 이상적이다. 이러한 종합적 반박은 단순한 부정을 넘어 논의의 질적 수준을 높이고 더 발전된 결론으로 이끈다.

(7) 상대방 논거의 약점 찾기:
논리적 반박(Logical Rebuttal)

상대방 논거의 약점을 찾는 것은 반박을 위한 논증 전략 중 핵심적인 방법이다. 이는 특히 경쟁사와의 분쟁이나 위기 상황에서 회사의 입장을 효과적으로 방어하고 설득력을 높이는 데 중요한 역할을 한다. 하지만 이 전략은 신중하게 사용해야 하며, 상대방을 비방하거나 적대적인 태도를 보이지 않도록 주의해야 한다.

♦ 핵심 기법

논리적 반박(Logical Rebuttal)은 상대방 논거의 약점을 체계적으로 분석하고 비판하는 기법이다. 이 방법은 상대방 주장의 논리적 오류를 찾고, 사실 관계를 검증하며, 맥락을 고려한다. 또한 대안 시나리오를 제시하고 숨겨진 전제를 발견하는 과정을 포함한다. 논리적 반박은 상대방 주장의 구조적 문제점을 지적하되, 개인적 공격을 피하고 객관적 사실과 논리에 기반한다. 이 기법은 경쟁사 주장에 대응하거나 위기 상황에서 회사의 입장을 방어할 때 효과적이다. 단, 건설적이고 전문적인 태도를 유지하며 대안 제시를 통해 논의의 질을 높이는 것이 중요하다. 상대방 논거의 약점을 효과적으로 찾고 활용하기 위한 주요 방법은 다음과 같다.

① 논리적 오류 찾기: 상대방 주장에 논리적 비약이나 인과관계의 오류가 있는지 살펴본다.

② 사실 관계 검증: 상대방이 제시한 데이터나 사실의 정확성과 출처를 확인한다.

③ 맥락 고려: 상대방의 주장이 전체적인 맥락에서 적절한지 검토한다.

④ 대안 시나리오 제시: 상대방 주장의 결론에 도달할 수 있는 다른 가능성을 탐색한다.

⑤ 숨겨진 전제 발견: 상대방 주장의 기저에 있는 암묵적 가정을 찾아내고 검증한다.

◆　활용 예시

다음은 경쟁사의 주장에 대응하는 상황에서 상대방 논거의 약점을 찾아 반박하는 예시다.

구분	내용
상황	경쟁사 B전자가 "우리 제품은 A전자 제품보다 30% 더 에너지 효율적"이라고 주장함.
예시	경쟁사 B전자의 주장에 대해 다음과 같이 설명해 드리고자 합니다. 1. 비교 기준의 불명확성: 　B전자는 어떤 기준으로 30%라는 수치를 산출했는지 명확히 밝히지 않았습니다. 에너지 효율성은 사용 환경, 측정 방법 등에 따라 크게 달라질 수 있습니다.

구분	내용
예시	2. 제한적인 데이터 샘플: B전자가 제시한 데이터는 특정 모델 간의 비교에 불과합니다. 전체 제품 라인업을 고려하면 결과는 매우 다를 수 있습니다. 3. 시간적 맥락 무시: 우리 회사는 지난달 새로운 에너지 절감 기술을 도입했습니다. B전자의 비교 데이터가 이 최신 기술을 반영했는지 의문입니다. 4. 총체적 성능 고려 부족: 에너지 효율성은 제품 평가의 한 측면일 뿐입니다. 성능, 내구성, 사용자 편의성 등을 종합적으로 고려해야 합니다. 5. 독립적 검증 부재: B전자의 주장은 제3의 독립적인 기관에 의해 검증되지 않았습니다. 우리 제품은 국제 인증기관으로부터 최고 등급의 에너지 효율성 인증을 받았습니다. A전자는 항상 정확하고 검증된 정보만을 고객에게 제공하고자 노력합니다. 우리는 에너지 효율성을 포함한 모든 측면에서 최고의 제품을 만들기 위해 끊임없이 노력하고 있으며, 이는 독립적인 소비자 만족도 조사에서 5년 연속 1위를 차지한 결과로 입증되고 있습니다.

이 예시에서는 경쟁사 주장의 여러 약점을 논리적으로 지적하면서도, 자사의 강점을 함께 제시하여 균형 잡힌 반박을 하고 있다.

♦   고려 사항

상대방 논거의 약점을 찾아 반박할 때는 여러 가지 중요한 원칙들을 고려해야 한다. 우선 가장 중요한 원칙은 인신공격을 절대 삼가는 것이다. 효과적인 반박은 상대방의 주장이나 논리 자체에 초점을 맞추고, 개인이나 기업을 직접적으로 비난하거나 공격하지 않는다. 인신공격은 논쟁의 질을 떨어뜨릴 뿐만 아니라, 자신의 신뢰도와 전문성까지 손상시킬 수 있다.

또한 항상 정중한 어조를 유지하는 것이 중요하다. 공격적이거나 감정적인 표현은 전문성을 떨어뜨리고 메시지의 설득력을 약화시킨다. 논쟁이 격화되더라도 항상 전문적이고 정중한 태도를 유지하는 것이 장기적으로 더 효과적이다.

반박은 반드시 사실에 기반해야 한다. 추측이나 과장된 주장을 통한 반박은 오히려 자신의 입장을 약화시킬 수 있다. 검증이 가능한 사실, 신뢰할 수 있는 데이터, 객관적인 분석을 통해 상대방 주장의 약점을 지적해야 설득력을 얻을 수 있다.

효과적인 반박은 단순히 문제점을 지적하는 것에 그치지 않고, 대안이나 해결책을 함께 제시하는 것이 바람직하다. 이는 비판이 단순한 부정이 아닌 건설적인 대화의 일부임을 보여주며, 논의의 수준을 높이는 데 기여한다.

마지막으로, 개별적인 약점에 너무 집중한 나머지 더 중요한 전체적 맥락을 놓치지 않도록 주의해야 한다. 작은 부분의 약점을 지적하는 데 성공하더라도, 상대방 주장의 핵심 가치나 전체적인 방향성이 여전히 유효할 수 있다는 점을 인식해야 한다.

(8) 대안 제시하기: 창의적 해결책 제시(Creative Problem Solving)

대안 제시는 반박을 위한 논증 전략 중 핵심적인 방법의 하나다. 이는 단순히 상대방의 주장이나 기존의 방식을 비판하는 데 그치지 않고, 더 나은 해결책을 제시함으로써 논증의 설득력을 높이는 전략이다. 이 전략을 효과적으로 활용하면, 위기 상황을 기회로 전환하고 기업의 혁신적인 이미지를 강화할 수 있다.

◆ 핵심 기법

창의적 해결책 제시(Creative Problem Solving)는 현존하는 문제나 상황에 대해 혁신적이고 실행이 가능한 대안을 개발하고 제안하는 기법이다. 이 방법은 문제의 명확한 정의부터 시작하여, 실현 가능성을 고려한 다양한 해결책을 모색한다. 제안된 대안의 장단점을 분석하고, 단기적 해결책과 장기적 비전을 함께 제시하며, 다양한 이해관계자의 요구를 고려한다.

이 기법은 단순한 비판을 넘어 건설적인 방향을 제시함으로써 논증의 설득력을 높이고, 기업의 혁신적 이미지를 강화한다. 효과적인 대안 제시는 위기 상황을 기회로 전환하고, 기업의 책임감 있는 태도를 보여주는 데 중요한 역할을 한다. 대안을 효과적으로 제시하기 위한 주요 방법은 다음과 같다.

① 문제의 명확한 정의: 현재의 문제점을 정확히 파악하고 명시한다.
② 실현 가능성 고려: 현실적으로 실행이 가능한 대안을 제시한다.
③ 장단점 분석: 제시하는 대안의 장점뿐만 아니라 잠재적 단점도 함께 고려한다.
④ 단계적 접근: 필요한 경우, 단기적 해결책과 장기적 비전을 함께 제시한다.
⑤ 이해관계자 고려: 다양한 이해관계자들에게 미치는 영향을 고려한 대안을 마련한다.

◆ 활용 예시

다음은 환경 문제에 직면한 기업이 대안을 제시하는 상황의 예시다.

최근 제기된 우리 회사의 생산 공정에서의 환경 오염 문제에 대해 깊이 인식하고 있습니다. 이에 대한 우리의 대응 방안을 말씀드리고자 합니다.

1. 현재 상황:
   현재 우리 공장의 생산 과정에서 발생하는 폐수와 대기 오염물질이 법적 기준은 충족하고 있으나, 지역 생태계에 부정적 영향을 미치고 있다는 지적이 있습니다.

2. 단기적 대안:
   a) 즉각적인 오염 저감 시설 도입:
      - 최신 필터링 시스템을 도입하여 대기 오염물질 배출을 현재 수준에서 50% 저감
      - 고도 정화 시설을 설치하여 폐수의 재활용률을 40%에서 70%로 향상
   b) 제3자 환경 영향 평가:
      - 독립적인 환경 컨설팅 기관을 통해 월간 환경 영향 평가 실시 및 결과 공개

3. 중장기적 대안:
   a) 친환경 생산 공정으로의 전면 전환:
      - 향후 5년간 총투자금의 30%를 친환경 기술 개발에 투자
      - 2027년까지 전 공정의 탄소 중립 달성 목표
   b) 순환 경제 모델 도입:
      - 제품 설계 단계부터 재활용을 고려한 '순환 설계' 원칙 적용
      - 2026년까지 제품의 90% 이상을 재활용이 가능한 소재로 전환

4. 지역사회와의 협력:
   - 지역 환경단체와 분기별 간담회를 통해 지속적인 피드백 수렴
   - 지역 학교와 연계한 환경 교육 프로그램 운영

5. 투명성 강화:
   - 환경 영향 및 개선 현황에 대한 월간 보고서를 홈페이지에 공개
   - 연간 지속가능경영보고서를 통해 장기적인 환경 개선 성과 공유

이러한 대안들은 단순히 현재의 문제를 해결하는 데 그치지 않고, 우리 회사를 환경친화적 기업으로 탈바꿈시키는 계기가 될 것입니다. 이는 단기적으로는 비용 증가를 수반하지만, 장기적으로는 기업의 지속가능성을 높이고 브랜드 가치를 제고하는 투자가 될 것입니다.

이 예시에서는 현재 상황을 명확히 정의하고, 단기적 대안과 장기적 비전을 함께 제시하고 있다. 또한 구체적인 수치 목표를 제시하여 대안의 실현 가능성과 효과를 명확히 하고 있다.

♦   고려 사항

대안을 효과적으로 제시하기 위해서는 몇 가지 중요한 원칙들을 염두에 두어야 한다. 무엇보다 현실성을 유지하는 것이 중요하다. 지나치게 이상적이거나 실현 불가능한 대안은 아무리 매력적으로 들릴지라도 실행 가능성이 적어 결국 신뢰도를 떨어뜨리게 된다. 청중은 그럴듯하게 들리지만, 실천할 수 없는 아이디어보다는 실현이 가능한 해결책을 더 가치 있게 여긴다.

또한 제안하는 대안은 구체적이고 명확해야 한다. 모호하고 일반적인 제안(예: "더 나은 시스템을 구축해야 한다")보다는 구체적이고 측정이 가능한 목표와 단계를 포함하는 것이 효과적이다. 구체적인 행동 계획, 일정, 자원 배분 방안 등을 제시하면 대안의 실행 가능성과 신뢰도가 크게 향상된다.

대안을 제시할 때는 책임감 있는 접근도 필수적이다. 단순히 아이디어만 던지는 것이 아니라, 그 대안을 실행하기 위한 책임과 의지를 명확히 표현해야 한다. 특히 기업이 제시하는 대안의 경우, 이를 실현하기 위한 구체적인 노력과 자원 투입 계획을 함께 밝히는 것이 중요하다.

상황 변화에 대응할 수 있는 유연성을 확보하는 것도 중요한 고려 사항이다. 모든 계획이 처음 의도한 대로 진행되지 않을 수 있으므로, 대안을 제시할 때는 변화하는 환경에 맞춰 조정할 수 있는 여지를 남겨두는 것이 현명하다. 지나치게 경직된 계획보다는 적응이 가능한 프레임워크를 제공하는 것이 장기적으로 더 효과적이다.

마지막으로, 대안을 제시할 때는 균형 잡힌 시각을 유지해야 한다. 대안의 장점만을 강조하는 것은 오히려 신뢰도를 떨어뜨릴 수 있다. 제안하는 대안이 가진 잠재적 단점이나, 극복해야 할 도전 과제도 함께 언급함으로써, 더 균형 잡히고 현실적인 접근을 보여주는 것이 바람직하다.

(9) 반례 활용하기:
반증 사례 제시(Presentation of Counterexamples)

반례 활용은 상대방의 주장이나 일반화된 견해의 허점을 지적하는 강력한 논증 전략이다. 이는 상대방 주장의 보편성이나 절대성을 무너뜨리고, 자신의 입장을 강화하는 데 효과적이다. 이 전략을 적절히 사용하면, 회사에 대한 부정적 인식이나 경쟁사의 주장을 효과적으로 반박할 수 있다.

♦   핵심 기법

반증 사례 제시(Presentation of Counterexamples)는 상대방의 주장이나 일반화된 견해의 타당성을 무너뜨리기 위해 구체적이고 관련성 있는 반대 사례를 활용하는 기법이다. 이 방법은 주장의 보편성이나 절대성에 의문을 제기하며, 정확성, 관련성, 대표성을 갖춘 사례를 통해 논점을 반박한다. 반증 사례는 단순한 예외가 아닌 의미 있는 반례여야 하며, 원래 주장과의 관계를 명확히 설명해야 한다.

이 기법은 회사에 대한 부정적 인식이나 경쟁사의 주장을 효과적으로 반박하는 데 유용하다. 단, 과대 일반화를 피하고 맥락을 고려하며, 겸손하고 건설적인 태도로 접근하는 것이 중요하다. 잘 활용된 반증 사례는 기업의 차별화된 노력을 부각시키고 비판적 시각을 가진 이해관계자들의 인식을 변화시키는 데 효과적이다. 반례를 효과적으로 활용하기 위한 주요 방법은 다음과 같다.

① 정확성 확보: 제시하는 반례가 사실에 기반하고 검증이 가능해야 한다.
② 관련성 유지: 반례가 논점과 직접적으로 관련되어야 한다.
③ 대표성 고려: 단순한 예외가 아닌, 의미 있는 반례여야 한다.
④ 명확한 연결: 반례와 원래 주장 간의 관계를 명확히 설명해야 한다.
⑤ 균형 유지: 반례 제시와 함께 자사의 긍정적 측면도 함께 언급한다.

◆ 활용 예시

다음은 기업의 고객 서비스 품질에 대한 일반화된 비판에 대응하는 상황에서 반례를 활용하는 예시다.

구분	내용
상황	한 소비자 단체가 "대기업들은 이윤만을 추구하며 고객 서비스를 등한시한다"라고 비판했다.
예시	우리 A전자는 이러한 일반화된 비판에 동의하기 어렵습니다. 대기업이라고 해서 모두 고객 서비스를 소홀히 한다는 주장은 사실과 다릅니다. 우리 회사의 사례를 통해 이를 설명해 드리고자 합니다.

구분	내용
예시	1. 24/7 고객 지원 센터 운영: 　우리는 연중무휴, 24시간 고객 지원 센터를 운영하고 있습니다. 이는 업계 최초로, 고객의 편의를 최우선으로 고려한 결정이었습니다. 2. 'Happy Call' 서비스: 　제품 구매 후 1주일 이내에 모든 고객에게 직접 전화를 걸어 만족도를 확인하고 추가 지원이 필요한지 묻는 서비스를 실시하고 있습니다. 3. 무상 A/S 기간 연장: 　일반적인 1년 무상 A/S 기간을 2년으로 연장하여 시행하고 있습니다. 이는 우리 제품의 품질에 대한 자신감과 동시에 고객에 대한 책임감의 표현입니다. 4. 고객 의견 반영 시스템: 　분기별로 '고객의 소리' 보고회를 열어 접수된 불만 사항과 개선 요구 사항을 경영 의사결정에 직접 반영하고 있습니다. 5. 지속적인 서비스 품질 향상: 　지난 3년간 고객 만족도 조사에서 지속해서 상승세를 보이고 있으며, 올해는 업계 1위를 달성했습니다. 이러한 사례들은 대기업이라도 고객 서비스를 중요하게 여기고 지속해서 개선할 수 있다는 것을 보여줍니다. 물론 우리도 완벽하지는 않습니다. 하지만 우리는 고객 서비스 향상을 위해 끊임없이 노력하고 있으며, 이는 우리의 핵심 가치 중 하나입니다. 우리는 앞으로도 고객 중심의 경영 철학을 바탕으로, 더 나은 서비스를 제공하기 위해 최선을 다할 것입니다. 동시에, 우리의 노력이 부족한 부분에 대해서는 겸허히 받아들이고 개선해 나갈 것을 약속드립니다.

이 예시에서는 구체적인 사례들을 통해 "대기업은 고객 서비스를 등한시한다"라는 일반화된 주장에 대한 반례를 제시하고 있다. 동시에 자사의 노력을 인정하면서도 완벽하지 않다는 점을 언급하여 균형 잡힌 시각을 보여주고 있다.

◆　고려 사항

반례 활용 시 하나의 사례로 상대 주장 전체를 무효화하려는 과대 일반화는 피해야 한다. 효과적인 반례는 전체 맥락 속에서 그 의미가 명확히 설명되어야 하며, 이를 제시할 때는 자만이나 방어적 태도가 드러나지 않도록 주의가 필요하다.

또한 단순한 반박에 그치지 않고 개선을 위한 건설적 접근을 함께 제시하는 것이 중요하다. 반례를 활용할 때는 다른 기업이나 사례의 존재를 인정하고 자사의 사례가 다양한 예시 중 하나임을 명확히 해야 한다.

제2장

설득력 있는 논거 개발

가치와 원칙에 호소하기

가치와 원칙에 호소하는 논증은 단순한 이익이나 효율성을 넘어 윤리적, 사회적 차원의 설득력을 제공한다. 이는 세 가지 핵심 전략으로 세분된다.

보편적 원칙 적용은 광범위하게 수용되는 가치를 논증의 기반으로 활용하는 전략이다. 공정성, 자유, 존중, 정의 같은 보편적 가치는 문화와 배경을 초월해 공감대를 형성한다. 이 전략은 특정 행동이나 정책을 이러한 보편적 가치와 연결함으로써 설득력을 높인다. 효과적인 보편적 원칙 적용은 구체적 사례와 실천 방안을 포함해야 하며, 단순한 선언적 표현을 넘어서야 한다.

윤리적 논증은 도덕적 원칙과 윤리적 프레임워크를 기반으로 주장을 전개하는 방식이다. 이는 결과주의, 의무론, 덕 윤리 등 다양한 윤리 이론을 활용할 수 있다. 윤리적 논증은 단기적 이익보다 장기적인 가치와 원칙을 우선시하며, 행동의 도덕적 정당성을 평가한다. 이 접근법은 특히 복잡한 윤리적 딜레마나 가치 충돌 상황에서 유용하다.

공동체 이익 강조는 개인이나 특정 집단의 이익을 넘어 사회 전체의 공익을 부각시키는 전략이다. 이는 집단적 책임감과 사회적 연대 의식에 호소한다. 효과적인 공동체 이익 강조는 구체적인 사회적 영향을 데이터와 사례로 뒷받침하고, 다양한 이해관계자에게 미치는 긍정적 효과를 포괄적으로 제시해야 한다.

이 세 전략은 상호보완적이며, 함께 사용될 때 시너지 효과를 낸다. 보편적 원칙이 넓은 공감대를 형성하고, 윤리적 논증이 원칙적 정당성을 제공하며, 공동체 이익 강조가 실질적 중요성을 부각시킨다. 가치 기반 논증은 특히 장기적 정책, 사회적 변화, 기업의 사회적 책임과 관련된 논의에서 강력한 설득력을 발휘한다.

(10) 보편적 가치 활용하기: 보편적 원칙 적용(Application of Universal Principles)

보편적 가치를 활용하는 것은 기업의 메시지나 정책을 폭넓은 청중에게 호소력 있게 전달하는 효과적인 방법이다. CEO나 PR 실무자가 이를 잘 활용하면, 기업의 행동이나 결정에 대한 공감대를 형성하고 지지를 얻는 데 도움이 될 수 있다.

◆   핵심 기법

보편적 원칙 적용(Application of Universal Principles)은 널리 인정되는 가치나 윤리적 기준을 기업의 메시지, 정책, 행동과 연결하는 기법이다. 이 방법은 환경 보호, 지속가능성, 책임감, 공정성 등의 보편적 가치를 기업 활동의 근거로 활용한다. 구체적으로는 관련 가치를 식별하고, 기업 행동과의 연계성을 확립하며, 추상적 가치를 구체적 행동으로 표현한다. 또한 일관성을 유지하고 진정성을 확보하는 것이 중요하다.

이 기법은 기업의 결정이나 정책에 대한 폭넓은 공감대를 형성하고 지지를 얻는 데 효과적이다. 단, 문화적 차이를 고려하고 과장을 피하며, 실질적인 실천과 연결되어야 한다. 잘 활용된 보편적 원칙 적용은 기업의 사회적 책임과 윤리적 경영을 강조하며, 긍정적인 기업 이미지 구축에 기여한다. 보편적 가치를 활용하기 위한 주요 방법은 다음과 같다.

① 가치 식별: 기업의 메시지나 정책과 관련된 보편적 가치를 파악한다.
② 연계성 확립: 기업의 행동이나 결정이 어떻게 이 가치와 연결되는지 명확히 한다.
③ 구체화: 추상적인 가치를 구체적인 행동이나 결과로 표현한다.
④ 일관성 유지: 다른 기업 활동이나 메시지와 일관된 가치를 선택한다.
⑤ 진정성 확보: 단순한 수사가 아닌 실질적인 실천을 보여준다.

◆   활용 예시

다음은 기업의 새로운 환경 정책 발표에서 보편적 가치를 활용하는 예시다.

구분	내용
상황	A전자가 플라스틱 사용 저감을 위한 새로운 정책을 발표하려 한다.
예시	1. 관련 보편적 가치 식별: 　－ 환경 보호 　－ 지속가능성 　－ 책임감 　－ 미래 세대에 대한 배려 2. 정책 소개: 　"A전자는 '깨끗한 지구, 밝은 미래'라는 비전 아래 2025년까지 제품 포장에서 플라스틱 사용을 전면 중단하는 정책을 시행합니다." 3. 가치와의 연계: 　"이 정책은 우리가 모두 공유하는 소중한 가치들을 실현하기 위한 노력입니다. 　a) 환경 보호: 플라스틱 폐기물로 인한 해양 오염과 생태계 파괴를 막는 데 기여할 것입니다. 　b) 지속가능성: 재생 가능한 자원을 활용한 포장재를 개발하여 자원의 지속 가능한 사용을 실천합니다. 　c) 책임감: 대기업으로서 환경에 대한 우리의 영향력을 인식하고, 이에 대한 책임을 다하고자 합니다. 　d) 미래 세대에 대한 배려: 우리의 자녀들에게 더 깨끗하고 안전한 환경을 물려주기 위한 투자입니다." 4. 구체적 실천 방안: 　"이를 위해 우리는 다음과 같은 구체적인 행동을 취하겠습니다. 　－ 친환경 포장재 연구개발에 연간 1000억 원 투자 　－ 고객 대상 재활용 교육 프로그램 운영 　－ 협력업체와 함께하는 '그린 서플라이 체인' 구축 　－ 임직원 대상 환경 보호 캠페인 실시"

구분	내용
예시	5. 이해관계자 참여 유도: "이 여정에 고객 여러분의 참여가 필요합니다. 함께할 때 우리는 더 큰 변화를 만들어낼 수 있습니다. 여러분의 일상에서 작은 실천으로 동참해 주시기 바랍니다." 6. 장기적 비전 제시: "이는 단순한 일회성 정책이 아닙니다. A전자는 앞으로도 지속해서 환경을 생각하는 기업 활동을 펼쳐 나갈 것입니다. 우리의 목표는 제품의 생산부터 폐기까지 전 과정에서 환경에 미치는 영향을 최소화하는 것입니다." 7. 진정성 강조: "우리는 이 정책이 단기적으로는 비용 증가를 가져올 수 있다는 것을 알고 있습니다. 그러나 장기적으로 볼 때, 이는 우리 모두와 지구의 미래를 위한 필수적인 투자라고 믿습니다."

이러한 접근 방식을 통해 A전자는 플라스틱 사용 저감이라는 구체적인 정책을 보편적 가치와 연결시켜 제시하고 있다. 이는 정책의 필요성과 중요성을 강조하며, 이해관계자들의 공감과 지지를 얻는 데 도움이 될 수 있다.

♦ 고려 사항

보편적 가치를 활용할 때 주의할 점에는 다섯 가지 핵심 요소가 있다. 첫째, 실현이 가능한 범위 내에서 가치를 제시해 과장을 피해야 한다. 둘째, 글로벌 기업은 문화에 따라 가치의 중요성이 달라질 수 있음을 고려해야 한다. 셋째, 추상적 가치 언급을 넘어 구체적 행동으로 연결해야 한다. 넷째, 기업의 다른 활동이나 메시지와 일관성을 유지해야 한다. 다섯째, 단순한 PR이 아닌 진정한 실천 의지를 보여야 한다.

(11) 윤리적 원칙 제시하기: 윤리적 논증(Ethical Argumentation)

윤리적 원칙을 제시하는 것은 기업의 도덕성과 책임감을 강조하고, 이해관계자들의 신뢰를 얻는 데 중요한 역할을 한다. 이를 효과적으로 활용하면, 기업의 의사결정과 행동에 대한 명확한 기준을 제시하고 평판을 강화할 수 있다.

◆ 핵심 기법

윤리적 논증(Ethical Argumentation)은 기업의 의사결정과 행동에 대한 도덕적 정당성을 확립하기 위해 명확하고 체계적인 윤리적 원칙을 제시하고 적용하는 기법이다. 이 방법은 기업의 도덕성과 책임감을 강조하며, 이해관계자들의 신뢰를 얻는 데 중요한 역할을 한다. 윤리적 논증은 명확성, 포괄성, 실행 가능성, 검증 가능성, 지속적 개선을 고려하여 원칙을 수립한다. 구체적으로는 인간 중심성, 투명성, 공정성, 프라이버시 보호, 보안과 안전성, 책임성, 지속가능성 등의 가치를 포함할 수 있다.

이 기법은 추상적 원칙을 넘어 구체적인 실천 방안을 제시하며, 정기적인 점검과 개선을 통해 진정성을 확보한다. 윤리적 논증은 기업의 평판을 강화하고 장기적인 지속가능성을 추구하는 데 효과적이다. 윤리적 원칙을 제시하기 위한 주요 방법은 다음과 같다.

① 명확성: 이해하기 쉽고 구체적인 원칙을 제시한다.
② 포괄성: 기업 활동의 다양한 측면을 포괄하는 원칙을 만든다.
③ 실행 가능성: 현실적으로 실천할 수 있는 원칙을 설정한다.
④ 검증 가능성: 원칙의 이행 여부를 객관적으로 평가할 수 있게 한다.
⑤ 지속적 개선: 변화하는 환경에 맞춰 원칙을 지속해서 업데이트한다.

♦ 활용 예시

다음은 기업의 AI 기술 개발 및 활용에 관한 윤리적 원칙을 제시하는 예시다.

A전자는 AI 기술의 개발과 활용에 있어 다음과 같은 윤리적 원칙을 준수할 것을 약속합니다.

1. 인간 중심성
    원칙: 모든 AI 기술은 인간의 복지와 권리 향상을 최우선 목표로 개발되고 활용되어야 한다.
    실천 방안:
    – AI 프로젝트 기획 단계에서 '인간 영향 평가' 실시
    – AI 시스템의 결정에 대한 인간의 최종 검토 및 승인 절차 의무화

2. 투명성과 설명 가능성
    원칙: AI 시스템의 의사결정 과정은 투명하고 설명이 가능해야 한다.
    실천 방안:
    – AI 알고리즘의 주요 작동 원리를 이해관계자들에게 공개
    – AI 시스템의 결정에 대한 설명 기능 탑재

3. 공정성과 비차별
    원칙: AI 시스템은 개인이나 집단에 대한 불공정한 차별을 해서는 안 된다.
    실천 방안:
    – AI 모델 학습 데이터의 다양성 확보
    – 정기적인 편향성 검사 실시 및 결과 공개

4. 프라이버시 보호
    원칙: AI 시스템은 개인의 프라이버시를 존중하고 보호해야 한다.
    실천 방안:
    – 데이터 최소화 원칙 적용: 필요한 최소한의 개인정보만 수집 및 활용
    – 개인정보 암호화 및 익명화 기술 적용

5. 보안과 안전성
    원칙: AI 시스템은 안전하고 보안이 철저해야 한다.
    실천 방안:
    – 정기적인 보안 취약점 점검 및 업데이트

－ AI 시스템의 오작동에 대비한 백업 및 복구 시스템 구축

6. 책임성
   원칙: AI 시스템의 개발자와 운영자는 그 결과에 대해 책임져야 한다.
   실천 방안:
   － AI 윤리 책임자 지정 및 정기적인 윤리 감사 실시
   － AI 시스템으로 인한 피해에 대한 명확한 보상 체계 수립

7. 지속가능성
   원칙: AI 기술은 환경과 사회의 지속가능성에 기여해야 한다.
   실천 방안:
   － AI 시스템의 에너지 효율성 향상
   － AI를 활용한 환경 모니터링 및 보호 프로젝트 추진

이러한 원칙들은 단순한 선언에 그치지 않고, 우리의 모든 AI 관련 활동에 실질적으로 적용될 것입니다. 우리는 이 원칙들의 이행 상황을 정기적으로 점검하고, 그 결과를 투명하게 공개할 것입니다.

또한, 우리는 이 원칙들이 완벽하다고 생각하지 않습니다. 기술의 발전과 사회의 요구 변화에 따라 지속해서 개선해 나갈 것이며, 이 과정에 다양한 이해관계자들의 의견을 적극적으로 수렴하겠습니다.

A전자는 이러한 윤리적 원칙을 바탕으로, 인류의 발전에 기여하는 책임 있는 AI 기술 개발에 앞장설 것을 약속해 드립니다.

이러한 윤리적 원칙 제시는 기업의 **AI** 기술 개발 및 활용에 대한 명확한 기준을 제공하며, 이해관계자들에게 기업의 책임감과 투명성을 보여줄 수 있다.

윤리적 원칙을 제시할 때 고려해야 할 5가지 핵심 주의점이 있
다. 실행 불가능한 이상적 원칙은 지양하고 현실적 접근이 필요하
다. 실질적 이행을 위해서는 추상적 선언보다 명확한 행동 지침이
포함되어야 한다. 원칙은 기업의 기존 정책 및 활동과 논리적 일
관성을 가져야 하며, 법적 리스크를 방지하기 위한 사전 법률 검
토가 필수적이다. 특히 다국적 기업은 문화적 차이를 고려한 유연
한 적용 방안을 마련해야 한다.

(12) 사회적 책임 강조하기: 공동체 이익 강조(Emphasis on Community Benefit)

사회적 책임을 강조하는 것은 기업이 단순한 이윤 추구를 넘어
사회의 일원으로서 책임을 다하고 있음을 보여주는 중요한 전략
이다. 이를 효과적으로 활용하면, 기업의 평판을 향상시키고 이해
관계자들의 신뢰를 얻을 수 있다.

◆　핵심 기법

공동체 이익 강조(Emphasis on Community Benefit)는 기업의 활동
이 단순한 이윤 추구를 넘어 사회 전체의 발전과 복지에 기여함을

부각시키는 기법이다. 이 방법은 기업의 사회적 책임(CSR) 활동을 구체적이고 체계적으로 제시하며, 그 활동이 기업의 핵심 역량과 어떻게 연계되어 있는지, 그리고 어떤 실질적인 성과를 내고 있는지를 보여준다. 주요 요소로는 구체성, 일관성, 투명성, 이해관계자 참여 유도, 장기적 관점 등이 있다.

이 기법은 기업이 사회의 일원으로서 책임을 다하고 있음을 보여주며, 이를 통해 기업의 평판을 향상시키고 이해관계자들의 신뢰를 얻는 데 기여한다. 단, 과장을 피하고 지속적이며 핵심 사업과 연계된 활동을 강조하는 것이 중요하다. 사회적 책임을 강조하기 위한 주요 방법은 다음과 같다.

① 구체성: 추상적인 선언이 아닌 구체적인 행동과 성과를 제시한다.
② 일관성: 기업의 핵심 사업과 연계된 사회적 책임 활동을 강조한다.
③ 투명성: 사회적 책임 활동의 과정과 결과를 투명하게 공개한다.
④ 참여 유도: 임직원, 고객, 협력사 등 다양한 이해관계자의 참여를 장려한다.
⑤ 장기적 관점: 단기적 성과가 아닌 지속 가능한 가치 창출에

초점을 맞춘다.

◆ 활용 예시

다음은 기업의 사회적 책임 활동을 강조하는 예시다.

구분	내용
상황	A전자가 연례 지속가능경영 보고서를 통해 사회적 책임 활동을 발표하려 한다.
예시	A전자는 '기술로 더 나은 세상 만들기'라는 비전 아래, 우리의 핵심 역량을 활용하여 사회적 가치를 창출하고 있습니다. 우리의 사회적 책임 활동은 다음과 같은 세 가지 핵심 영역에 집중되어 있습니다. 1. 디지털 교육 격차 해소 　목표: 2025년까지 전 세계 100만 명의 청소년에게 디지털 교육 기회 제공 　실천 내용: 　－ '미래 코딩 스쿨' 프로그램 운영: 지난해 50개국 20만 명의 청소년 참여 　－ 개발도상국 학교에 디지털 학습 기기 10만 대 기부 　－ 온라인 코딩 교육 플랫폼 개발 및 무료 제공 　성과: 프로그램 참여 학생들의 디지털 리터러시 평균 40% 향상 2. 친환경 기술 혁신 　목표: 2030년까지 전체 제품의 탄소 발자국 50% 감축 　실천 내용: 　－ 에너지 효율 혁신 센터 설립: 연간 1000억 원 투자 　－ 재생 에너지 사용 비율 확대: 현재 30%에서 2025년 70%로 증가 목표 　－ 협력사 대상 친환경 기술 지원 프로그램 운영 　성과: 지난해 출시된 신제품의 평균 에너지 효율 20% 개선

구분	내용
예시	3. 포용적 근무 환경 조성 목표: 2026년까지 임원급 여성 비율 30% 달성 실천 내용: – 다양성 및 포용성 위원회 설립 – 여성 리더십 프로그램 운영: 연간 1000명 참여 – 장애인 맞춤형 업무 환경 구축: 전 사업장 배리어프리 인증 획득 성과: 지난 3년간 여성 관리자 비율 15%에서 25%로 증가 이러한 활동들은 단순한 자선이 아닌 우리 사회의 지속 가능한 발전을 위한 투자입니다. 우리는 이를 통해 다음과 같은 장기적 가치를 창출하고 있습니다. – 미래 인재 육성을 통한 산업 생태계 강화 – 환경 영향 최소화를 통한 지속 가능한 성장 기반 마련 – 다양성 존중을 통한 혁신 역량 강화 우리의 사회적 책임 활동은 외부 전문가로 구성된 자문위원회의 검토를 거치며, 그 성과는 매년 독립적인 제3자 기관의 검증을 받아 투명하게 공개됩니다. 또한, 우리는 이러한 노력이 A전자만의 것이 되어서는 안 된다고 믿습니다. 따라서 우리의 경험과 노하우를 업계와 공유하고, 협력사들의 사회적 책임 활동도 적극 지원하고 있습니다. A전자는 앞으로도 우리의 기술과 자원을 활용하여 사회적 문제 해결에 기여하고, 모든 이해관계자와 함께 지속 가능한 미래를 만들어 나가는 데 최선을 다하겠습니다.

이러한 접근 방식은 기업의 사회적 책임 활동을 구체적이고 체계적으로 제시하며, 그 활동이 기업의 핵심 역량과 어떻게 연계되

어 있는지, 그리고 어떤 실질적인 성과를 내고 있는지를 보여준다.

♦   고려 사항

사회적 책임을 효과적으로 커뮤니케이션하기 위해서는 몇 가지 핵심적인 고려 사항이 있다. 무엇보다 실적의 과장은 신뢰도 하락으로 이어지므로, 검증이 가능한 실제 성과에 기반한 메시지를 전달해야 한다. 일시적 이벤트나 단발성 프로젝트보다는 장기적이고 체계적인 이니셔티브에 초점을 맞추는 것이 중요하다.

기업의 핵심 역량 및 비즈니스 모델과 연계되지 않은 CSR 활동은 전략적 정합성이 부족해 진정성을 의심받기 쉽다. 효과적인 CSR 커뮤니케이션은 성공 사례만 강조하는 것이 아니라, 직면한 도전과제와 향후 개선 계획을 함께 제시하는 균형 잡힌 접근이 필요하다. 또한 다양한 이해관계자 관점을 포괄하는 포용적 접근법이 설득력을 높인다.

2

전문가 의견과 사례 인용하기

전문가 의견과 사례 인용은 논증의 신뢰성과 설득력을 크게 향상시키는 강력한 도구다. 이 접근법은 세 가지 핵심 전략으로 구성된다.

전문성 평가는 논증을 뒷받침할 적절한 권위자를 선정하는 체계적 과정이다. 효과적인 전문가 선정은 관련성, 신뢰성, 객관성, 커뮤니케이션 능력, 다양성을 고려해야 한다. 주제와 직접적 관련이 있는 전문가, 검증된 학력과 경력을 갖춘 인물, 이해 상충이 없는 중립적 인사를 우선시해야 한다. 단일 전문가 의견에 과도하게 의존하는 것보다 다양한 시각을 가진 여러 전문가의 견해를 균형 있게 제시하는 것이 바람직하다.

사례 기반 논증은 구체적인 상황이나 경험을 분석하여 일반적 원칙이나 교훈을 도출하는 방법이다. 이는 추상적 개념을 현실적 맥락에서 검증하고 적용하는 과정이다. 효과적인 사례 연구는 대표성 있는 사례 선택, 상세한 맥락 설명, 명확한 분석, 교훈 도출을 포함한다. 성공 사례와 실패 사례를 모두 고려함으로써 균형 잡힌 시각을 제공하는 것이 중요하다.

정확한 인용은 외부 자료를 활용할 때 원문의 의미와 맥락을 충실히 반영하는 윤리적 접근법이다. 이는 신뢰성 있는 출처 확인, 원문 직접 확인, 맥락 고려, 정확한 인용 표기를 요구한다. 선택적 인용이나 왜곡은 논증의 신뢰도를 크게 훼손할 수 있으므로, 인용이 원래 의도와 맥락을 정확히 반영하는지 검증해야 한다.

이 세 전략의 효과적인 조합은 논증에 전문성과 실증적 근거를 더함으로써 설득력을 극대화한다. 적절한 전문가 의견이 권위를 제공하고, 구체적 사례가 실용적 적용성을 입증하며, 정확한 인용이 윤리적 완전성을 보장한다. 이러한 방법론적 엄격함은 특히 복잡하거나 논쟁적인 주제에서 논증의 질적 수준을 높이는 데 필수적이다.

(13) 적절한 전문가 선정:
전문성 평가(Expertise Evaluation)

적절한 전문가를 선정하는 것은 기업의 주장이나 정책에 신뢰
성과 권위를 부여하는 데 중요한 역할을 한다. 이 기법은 기업의
메시지에 대한 설득력을 높이고 전문성을 입증할 수 있다.

◆   핵심 기법

전문성 평가(Expertise Evaluation)는 기업의 주장이나 정책에 신뢰
성과 권위를 부여하기 위해 적절한 전문가를 선정하고 활용하는
기법이다. 이 방법은 관련성, 신뢰성, 객관성, 커뮤니케이션 능력,
다양성을 고려하여 전문가를 선별한다. 구체적으로는 해당 분야
와의 직접적 관련성, 학력 및 경력 검증, 중립성 확보, 복잡한 내용
의 명확한 전달 능력, 다양한 관점 제시 능력 등을 평가한다. 전문
성 평가는 필요한 전문 분야를 파악하고, 각 분야별 후보를 검토
하며, 최종 선정 및 역할 분담, 참여 방식 결정, 투명성 확보 등의
과정을 포함한다.

이 기법은 기업의 메시지에 대한 설득력을 높이고 전문성을 입
증하는 데 효과적이지만, 이해 상충 방지, 과도한 의존 주의, 다양
성 확보, 시의성 고려, 윤리성 검증 등에 주의해야 한다. 적절한 전

문가를 선정하기 위한 주요 방법은 다음과 같다.

① 관련성 확보: 해당 분야와 직접적으로 관련된 전문성을 가진 인물을 선정한다.

② 신뢰성 검증: 전문가의 학력, 경력, 연구 실적 등을 철저히 검증한다.

③ 객관성 고려: 기업과 이해관계가 없는 중립적인 전문가를 선호한다.

④ 커뮤니케이션 능력: 복잡한 내용을 쉽게 설명할 수 있는 능력을 갖춘 전문가를 선정한다.

⑤ 다양성 확보: 다양한 관점을 제시할 수 있는 여러 전문가를 고려한다.

◆ 활용 예시

다음은 기업의 AI 윤리 정책 발표에 적절한 전문가를 선정하고 발표하는 예시다.

---

1. 필요 전문 분야 파악:
   - AI 기술 전문가
   - 기술 윤리 전문가
   - 법률 전문가 (AI 관련 법규)
   - 사회학자 (AI의 사회적 영향)

---

2. 각 분야별 전문가 후보 검토:

a) AI 기술 전문가:
  – 김OO 교수 (B대학 컴퓨터공학과)
    · 관련성: 20년간 AI 알고리즘 연구
    · 신뢰성: IEEE 펠로우, 100편 이상의 논문 발표
    · 객관성: 현재 정부 AI 윤리위원회 위원
    · 커뮤니케이션: TED 강연 경험, 대중 서적 저술

b) 기술 윤리 전문가:
  – 이OO 교수 (C대학 철학과)
    · 관련성: 기술 윤리 전공, AI 윤리 관련 다수 저서
    · 신뢰성: 국제 기술윤리학회 회장 역임
    · 객관성: 다양한 기업의 윤리 자문 경험
    · 커뮤니케이션: 기술 윤리 관련 칼럼 정기 연재

c) 법률 전문가:
  – 박OO 변호사 (D 법률사무소)
    · 관련성: AI 및 데이터 법률 전문
    · 신뢰성: 변호사 20년 경력, AI 법제 연구회 대표
    · 객관성: 다양한 기업 및 정부 기관 자문 경험
    · 커뮤니케이션: AI 법률 관련 유튜브 채널 운영

d) 사회학자:
  – 최OO 교수 (E대학 사회학과)
    · 관련성: AI의 사회적 영향 연구 10년
    · 신뢰성: 국가과학기술자문회의 위원
    · 객관성: 다양한 사회 계층의 AI 수용성 연구
    · 커뮤니케이션: 대중 강연 다수, 방송 출연 경험

3. 최종 선정 및 역할 분담:
  – 김OO 교수: A전자의 AI 기술 발전 방향의 타당성 검증

- 이OO 교수: A전자의 AI 윤리 정책의 철학적 기반 제공
- 박OO 변호사: AI 윤리 정책의 법적 타당성 검토
- 최OO 교수: AI 정책이 사회에 미칠 영향 분석

4. 전문가 참여 방식:
- 정책 수립 단계에서 자문 제공
- 정책 발표회에 패널로 참석
- 정책에 대한 서면 의견 제출 (홈페이지 게시)

5. 투명성 확보:
- 전문가들의 자문 내용과 의견을 요약하여 공개
- 전문가들과 기업 간의 이해관계 없음을 명시

이러한 전문가 선정 과정은 기업의 정책이나 주장에 대한 신뢰성을 크게 높일 수 있다.

♦　고려 사항

전문가 활용 시 신뢰성과 객관성을 확보하기 위한 핵심 고려 사항이 있다. 우선 기업과 재정적 관계가 있는 전문가 기용은 이해 상충 문제를 야기할 수 있으므로 독립적 입장의 인사를 선정해야 한다. 또한 외부 전문가 의견에 과도하게 의존하기보다는 내부 검증 프로세스를 병행하여 균형 잡힌 판단을 도출해야 한다.

전문성의 편향을 방지하기 위해서는 단일 학문 분야나 관점에

편중되지 않고 다양한 전문 영역과 시각을 포괄하는 전문가 풀을 구성하는 것이 바람직하다. 동시에 해당 분야의 최신 연구 트렌드와 발전 동향을 반영할 수 있는 현역 활동 전문가를 우선으로 고려해야 한다. 선정 과정에서는 후보자의 과거 이력과 업계 평판에 대한 철저한 배경 조사를 통해 윤리적 문제가 없는지 검증하는 절차가 필수적이다.

(14) 사례 연구 활용하기:
사례 기반 논증(Case-Based Argumentation)

사례 연구는 구체적인 상황이나 경험을 깊이 있게 분석하여 일반적인 원칙이나 교훈을 도출하는 방법이다. 이를 효과적으로 활용하면, 추상적인 개념을 현실화하고 주장의 설득력을 높일 수 있다.

♦ 핵심 기법

사례 기반 논증(Case-Based Argumentation)은 구체적인 상황이나 경험을 심층적으로 분석하여 일반적인 원칙이나 교훈을 도출하는 기법이다. 이 방법은 추상적인 개념을 현실화하고 주장의 설득력을 높이는 데 효과적이다. 주요 요소로는 관련성 확보, 구체성 유지, 결과 분석, 교훈 도출, 다양성 고려 등이 있다. 사례 기반 논증은 성공 사례와 도전 사례를 모두 포함하여 균형 잡힌 시각을 제공하며, 각 사례에 대해 배경, 실행 과정, 구체적 수치, 결과, 교훈 등을 상세히 분석한다.

이 기법은 기업의 정책이나 전략이 실제로 어떻게 적용되고 어떤 결과를 가져올 수 있는지를 구체적으로 보여줌으로써, 주장의 실현 가능성과 효과성을 입증하는 데 도움을 준다. 단, 대표성 확보, 과도한 일반화 주의, 객관성 유지, 최신성 유지, 윤리적 고려 등에 주의해야 한다. 사례 연구를 활용하기 위한 주요 방법은 다음과 같다.

① 관련성 확보: 주장이나 정책과 직접적으로 연관된 사례를 선택한다.
② 구체성 유지: 일반적인 설명보다는 구체적인 세부 사항을 제공한다.
③ 결과 분석: 사례가 어떤 결과를 가져왔는지 명확히 제시한다.
④ 교훈 도출: 사례로부터 배울 수 있는 일반적인 원칙을 추출한다.
⑤ 다양성 고려: 성공 사례뿐만 아니라 실패 사례도 포함시킨다.

♦ 활용 예시

다음은 기업의 지속가능경영 정책 발표에서 사례 연구를 활용하고 이를 발표하는 예시다.

---

1. 성공 사례: B공장의 에너지 효율화 프로젝트

배경:
"2022년, 우리 회사의 B공장은 높은 에너지 소비로 인해 운영 비용과 탄소 배출량 증가 문제에 직면했습니다."

실행 과정:
"우리는 다음과 같은 단계적 접근을 취했습니다.
a) 에너지 사용 현황 정밀 분석
b) AI 기반 에너지 관리 시스템 도입
c) 노후 설비 교체 및 고효율 설비 도입
d) 직원 대상 에너지 절약 교육 실시"

구체적 수치:
"총 50억 원을 투자하여 18개월에 걸쳐 프로젝트를 진행했습니다."

결과:
"프로젝트 완료 후 1년간의 결과는 다음과 같습니다.
– 에너지 사용량 35% 감소
– 연간 운영 비용 20억 원 절감
– 탄소 배출량 40% 감축
– 투자 회수 기간 2.5년"

교훈:
"이 사례는 초기 투자비용이 들더라도, 체계적인 접근과 첨단 기술 활용을 통해 환경 보호와 경제적 이익을 동시에 달성할 수 있음을 보여줍니다."

---

2. 도전 사례: C사업부의 재활용 플라스틱 활용 시도

배경:
"2021년, C사업부는 제품 생산에 재활용 플라스틱을 50% 이상 사용하겠다는 목표를 세웠습니다."

실행 과정:
"a) 재활용 플라스틱 공급업체 선정
b) 제품 디자인 변경
c) 생산 라인 개조
d) 품질 테스트 실시"

도전 과제:
"재활용 플라스틱의 품질 불균일성으로 인해 제품 내구성에 문제가 발생했고, 이는 초기 고객 불만으로 이어졌습니다."

대응:
"우리는 다음과 같이 대응했습니다.
a) 재활용 플라스틱 사용 비율을 30%로 조정
b) 자체 재활용 처리 시설 투자로 품질 관리 강화
c) 고객 대상 친환경 가치 교육 및 마케팅 강화"

결과:
"1년 후, 제품 품질이 안정화되었고 고객 만족도도 회복되었습니다. 현재는 재활용 플라스틱 사용 비율을 점진적으로 높여가고 있습니다."

교훈:
"이 사례는 지속가능경영 목표 설정 시 현실적인 단계적 접근의 중요성과, 기술적 한계를 극복하기 위한 지속적인 투자와 혁신의 필요성을 보여줍니다."

이러한 사례들을 바탕으로, A전자의 새로운 지속가능경영 정책은 다음과 같은 원칙을 따릅니다.

1. 데이터 기반의 과학적 접근
2. 첨단 기술 활용을 통한 혁신
3. 현실적이고 단계적인 목표 설정
4. 지속적인 투자와 개선
5. 이해관계자와의 적극적인 소통

우리는 이러한 원칙을 바탕으로, 환경 보호와 경제적 성장을 동시에 추구하는 지속 가능한 기업이 되겠습니다.

이러한 사례 연구 활용은 기업의 정책이 실제로 어떻게 적용되고 어떤 결과를 가져올 수 있는지를 구체적으로 보여줌으로써, 정책의 실현 가능성과 효과성을 입증하는 데 도움을 준다.

◆　고려 사항

사례 연구를 비즈니스 상황에 효과적으로 활용하기 위해서는 몇 가지 중요한 원칙을 고려해야 한다. 먼저 선택된 사례가 분석하고자 하는 현상의 핵심 특성을 충분히 반영하는지, 즉 대표성을 확보했는지 평가해야 한다. 단일 사례의 결과를 모든 상황에 무분별하게 확장하는 일반화 오류는 철저히 경계해야 하며, 각 사례가 갖는 고유한 맥락과 조건을 명확히 인식해야 한다.

객관적 분석을 위해서는 성공 사례만 선별적으로 제시하는 확증 편향을 피하고, 실패 사례와 도전 과제를 포함한 균형 잡힌 포트폴리오를 구성하는 것이 중요하다. 빠르게 변화하는 비즈니스 환경에서는 최신 사례를 활용하여 현재 상황과의 적합성을 높이는 것이 효과적이다. 또한 사례에 등장하는 개인이나 조직의 정보를 다룰 때는 적절한 익명화와 허가 절차를 통해 윤리적 기준을 준수해야 한다.

(15) 인용의 정확성 유지:
정확한 인용(Accurate Quotation)

인용의 정확성을 유지하는 것은 기업 커뮤니케이션의 신뢰성과 전문성을 보장하는 핵심 요소다. 이를 철저히 준수하면, 메시지의 신뢰도를 높이고 잠재적인 오해나 논란을 방지할 수 있다.

♦ 핵심 기법

정확한 인용(Accurate Quotation)은 외부 자료나 전문가의 견해를 활용할 때 원문의 의미와 맥락을 충실히 반영하여 인용하는 기법이다. 이 방법은 기업 커뮤니케이션의 신뢰성과 전문성을 보장하는 핵심 요소로, 메시지의 신뢰도를 높이고 잠재적인 오해나 논란을 방지한다. 주요 요소로는 원문 확인, 맥락 고려, 출처 명시, 변경 표시, 번역 주의 등이 있다. 정확한 인용 과정은 원문 확인, 번역 및 맥락 고려, 보고서 내 인용, 출처 명시, 추가 정보 제공, 인용 검증, 인용 허가 등의 단계를 포함한다.

이 기법을 적용할 때는 선택적 인용 주의, 과도한 의존 경계, 최신성 확인, 이해 상충 고려, 재인용 주의 등에 주의해야 한다. 정확한 인용은 기업의 전문성과 성실성을 보여주는 지표가 되어 장기적으로 기업 평판 관리에 도움이 된다. 인용의 정확성을 유지하기 위한 주요 방법은 다음과 같다.

① 원문 확인: 항상 원본 자료를 직접 확인한다.
② 맥락 고려: 인용문의 전후 맥락을 이해하고 반영한다.
③ 출처 명시: 인용의 출처를 명확하게 밝힌다.
④ 변경 표시: 불가피한 수정이나 생략이 있을 경우 이를 명시한다.
⑤ 번역 주의: 외국어 자료 인용 시 정확한 번역에 주의를 기울인다.

♦ 활용 예시

다음은 기업의 연례 보고서에서 인용의 정확성을 유지하는 예시다.

구분	내용
상황	A전자가 연례 보고서에 산업 전망과 관련된 전문가의 견해를 인용하려 한다.
예시	**1. 원문 확인:** 원본 자료: "The electronics industry is likely to see a 5–7% growth in the next fiscal year, driven primarily by advancements in AI and IoT technologies. However, supply chain disruptions remain a significant challenge." – Dr. Jane Smith, 'Global Electronics Market Outlook 2024', p.45 **2. 번역 및 맥락 고려:** 번역: "전자 산업은 다음 회계연도에 5–7%의 성장을 보일 것으로 예상되며, 이는 주로 AI와 IoT 기술의 발전에 기인할 것입니다. 그러나 공급망 혼란은 여전히 중요한 과제로 남아있습니다." **3. 보고서 내 인용:** "글로벌 전자 산업의 전망에 대해 권위 있는 전문가인 제인 스미스 박사는 다음과 같이 말했습니다. '전자 산업은 다음 회계연도에 5–7%의 성장을 보일 것으로 예상되며, 이는 주로 AI와 IoT 기술의 발전에 기인할 것입니다. 그러나 공급망 혼란은 여전히 중요한 과제로 남아있습니다.' 이러한 전망은 우리 회사의 AI 및 IoT 분야 투자 전략의 타당성을 뒷받침합니다. 동시에, 우리는 공급망 안정화를 위한 다각적인 노력을 기울이고 있습니다." **4. 출처 명시:** 보고서 하단 각주: [1] Dr. Jane Smith, 'Global Electronics Market Outlook 2024', p.45 (2023)

구분	내용
예시	5. 추가 정보 제공: 보고서 부록: "제인 스미스 박사는 MIT 공과대학 전자공학과 교수이자 국제전자산업협회 자문위원으로, 전자 산업 동향에 관한 다수의 저서를 출간한 바 있습니다." 6. 인용 검증: 　– 법무팀: 인용문의 법적인 문제 없음을 확인 　– 번역팀: 번역의 정확성 검증 　– 외부 전문가: 인용의 적절성 및 맥락의 정확성 검토 7. 인용 허가: 제인 스미스 박사로부터 인용 허가를 받았음을 확인

이러한 과정을 통해, A전자는 전문가의 견해를 정확하고 신뢰성 있게 인용하면서 동시에 자사의 전략과 연계하여 설득력 있게 제시하고 있다.

♦　고려 사항

인용을 효과적으로 활용하기 위해서는 몇 가지 핵심적인 원칙을 준수해야 한다. 무엇보다 원문의 본래 의도와 맥락을 유지하는 것이 중요하며, 주장을 뒷받침하기 위해 특정 부분만 발췌하는 선택적 인용은 신뢰성 훼손으로 이어질 수 있다. 또한 외부 인용에 과도하게 의존하는 것은 기업의 독자적 관점과 분석력 부재로 해석될 수 있으므로 적절한 균형을 유지해야 한다.

인용 자료의 시의성 확보도 중요한 요소다. 빠르게 변화하는 시장 환경에서 구시대적 정보에 기반한 인용은 기업의 현실 인식 능력에 의문을 제기하게 한다. 인용된 전문가나 기관과 기업 간 존재할 수 있는 이해관계는 투명하게 공개함으로써 윤리적 기준을 충족해야 한다. 또한 2차 출처보다는 원천 자료를 직접 확인하고 인용하는 것이 정확성을 높이는 지름길이다.

3

데이터와 사실 활용하기

　현대 비즈니스 환경에서 설득력 있는 논증은 단순한 주장을 넘어 검증이 가능한 데이터와 체계적 분석에 기반해야 한다. 데이터 기반 논증은 객관성과 신뢰성을 확보하는 핵심 요소로, 의사결정자와 이해관계자들을 효과적으로 설득하는 결정적 도구다.

　데이터 분석 및 활용 전략은 세 가지 핵심 영역에 초점을 맞춘다. 첫째, 통계 데이터의 올바른 해석은 표면적 수치를 넘어 데이터의 출처, 맥락, 대표성을 철저히 검증하고, 상관관계와 인과관계를 명확히 구분하는 능력을 요구한다. 둘째, 사실 검증과 출처 확인은 다중 출처를 통한 교차 검증, 일차 자료 확인, 전문가 자문 등을 통해 정보의 신뢰성을 보장하는 과정이다. 셋째, 데이터 해석 맥락 제공은 동일한 데이터도 어떻게 프레이밍하느냐에 따라 전달되는 메시지가 달라질 수 있음을 인식하고 전략적으로 활용하는 접근법이다.

효과적인 데이터 활용은 단순한 수치 나열이 아닌 의미 있는 인사이트 도출 과정이다. 이는 확증 편향을 피하고, 불확실성을 인정하며, 복잡한 데이터를 청중이 이해하기 쉽게 전달하는 능력을 포함한다. A전자의 환경 정책 발표에서 탄소 배출량 감소 성과를 제시할 때, 단순히 "30% 감축"이라는 수치만 제시하는 것이 아니라, 측정 방법론, 산업 평균과의 비교, 그리고 장기적 트렌드를 함께 제공함으로써 데이터의 진정한 의미와 영향력을 전달할 수 있다.

데이터를 효과적으로 활용하는 논증 전략은 비즈니스 의사결정의 질을 높이고, 이해관계자들의 신뢰를 구축하며, 궁극적으로 조직의 경쟁력을 강화하는 핵심 역량이다.

(16) 통계 데이터 올바르게 해석하기: 데이터 분석(Data Analysis)

통계 데이터는 주장을 뒷받침하는 강력한 도구가 될 수 있지만, 잘못 해석되면 오히려 **misleading**한 결론을 낳을 수 있다. 통계 데이터를 올바르게 해석하고 활용하는 능력은 신뢰성 있는 커뮤니케이션을 위해 필수적이다.

◆   핵심 기법

데이터 분석(Data Analysis)은 통계 데이터를 정확하게 해석하고 활용하여 주장을 뒷받침하는 기법이다. 이 방법은 데이터의 신뢰성을 확보하고 잘못된 결론을 방지하는 데 중요하다. 주요 요소로는 출처 확인, 맥락 이해, 표본의 대표성 검증, 상관관계와 인과관계 구분, 절댓값과 상댓값 구분 등이 있다. 데이터 분석 과정에는 출처 확인, 맥락 이해, 표본 대표성 검토, 관계 유형 구분, 수치 유형 구분, 추가 고려 사항 검토, 한계점 인정, 향후 계획 수립 등의 단계가 포함된다.

이 기법을 적용할 때는 선택적 데이터 사용 지양, 과도한 일반화 주의, 오차 범위 고려, 시각화 오류 주의, 전문가 검토 등에 주의해야 한다. 올바른 데이터 분석은 객관적이고 신뢰성 있는 정보를 제공하여 설득력 있는 커뮤니케이션을 가능하게 한다. 통계 데이터를 올바르게 해석하기 위한 주요 방법은 다음과 같다.

① 출처 확인: 데이터의 출처와 수집 방법의 신뢰성을 검증한다.

② 맥락 이해: 데이터가 수집된 시기, 장소, 대상 등의 맥락을 고려한다.

③ 표본의 대표성: 표본이 전체 집단을 대표할 수 있는지 확인한다.

④ 상관관계와 인과관계 구분: 두 변수 간의 관계가 단순 상관인지 인과인지 구분한다.

⑤ 절댓값과 상댓값 구분: 절대적 수치와 상대적 비율의 차이를 인식한다.

♦ 활용 예시

다음은 기업의 고객 만족도 조사 결과를 해석하는 예시다.

구분	내용
상황	A전자의 고객 만족도 조사 결과, 전년 대비 만족도가 10% 상승했다.
예시	1. 출처 확인: "이 데이터는 독립적인 시장조사기관 B사가 실시한 연례 고객 만족도 조사 결과입니다. B사는 20년 이상의 조사 경험을 가진 신뢰할 수 있는 기관입니다." 2. 맥락 이해: "이 조사는 지난 3개월간 우리 제품을 구매한 1,000명의 고객을 대상으로 실시되었습니다. 작년 동일 기간 대비 만족도를 비교한 결과입니다."

구분	내용
예시	3. 표본의 대표성: "1,000명의 표본은 연령, 성별, 지역 등을 고려하여 우리 고객층을 대표할 수 있도록 선정되었습니다. 표본 오차는 ±3%입니다." 4. 상관관계와 인과관계 구분: "만족도 상승과 동시에 우리는 새로운 고객 서비스 정책을 도입했습니다. 이 정책이 만족도 상승의 직접적인 원인이라고 단정 짓기는 어렵지만, 긍정적인 영향을 미쳤을 가능성이 높습니다." 5. 절댓값과 상댓값 구분: "10% 상승이라는 것은 상대적 증가를 의미합니다. 실제 점수로는 100점 만점에 72점에서 79점으로 7점 상승했습니다." 6. 추가 고려 사항: "업계 평균 만족도가 75점임을 고려할 때, 우리는 이제 업계 평균을 상회하게 되었습니다. 그러나 여전히 개선의 여지가 있으며, 특히 애프터서비스 부문에서는 추가적인 노력이 필요합니다." 7. 한계점 인정: "이 조사는 단기 구매 고객만을 대상으로 했기 때문에, 장기 사용자의 의견은 반영되지 않았을 수 있습니다. 향후 조사에서는 이 부분을 보완할 계획입니다." 8. 향후 계획: "우리는 이 결과를 바탕으로 고객 만족도를 더욱 높이기 위한 구체적인 개선 계획을 수립했습니다. 특히 만족도가 상대적으로 낮은 20대 고객층을 대상으로 한 맞춤형 서비스를 강화할 예정입니다."

이 예시에서는 단순히 '만족도 10% 상승'이라는 수치를 넘어, 데이터의 출처, 맥락, 대표성, 절댓값과 상댓값의 차이, 업계 비교,

한계점 등을 종합적으로 고려하여 데이터를 해석하고 있다.

◆   고려 사항

통계 데이터 분석 시 몇 가지 핵심 원칙을 준수해야 한다. 우선 확증 편향을 방지하기 위해 주장을 지지하는 데이터만 선별적으로 활용하는 관행은 지양해야 한다. 데이터 해석에서 가장 흔한 오류의 하나는 제한된 표본에서 도출된 결과를 전체 모집단에 무차별적으로 확대 적용하는 것으로, 이는 신뢰도 높은 분석의 장애물이다.

모든 통계적 측정에는 필연적으로 오차가 존재한다는 점을 인정하고, 신뢰구간과 표준편차 등 오차 범위를 명시함으로써 투명성을 확보해야 한다. 데이터 시각화 과정에서는 왜곡된 축척 사용, 적절하지 않은 그래프 유형 선택, 제로 베이스라인 무시 등을 통해 의도적으로 특정 결론을 강조하는 함정에 빠지지 말아야 한다.

복잡한 통계 분석이나 고급 방법론을 적용할 때는 통계 전문가의 검토를 받음으로써 해석의 정확성과 방법론적 타당성을 담보하는 것이 바람직하다.

(17) 사실 검증 및 출처 확인:
출처 검증(Source Verification)

사실 검증과 출처 확인은 정보의 신뢰성을 보장하고 기업의 메시지에 대한 신뢰도를 높이는 핵심 요소다. 이를 철저히 수행하면, 허위 정보나 오류로 인한 리스크를 최소화하고 기업의 평판을 보호할 수 있다.

◆   핵심 기법

출처 검증(Source Verification)은 정보의 신뢰성과 정확성을 보장하기 위해 사용되는 핵심 기법이다. 이 방법은 기업의 메시지에 대한 신뢰도를 높이고, 허위 정보나 오류로 인한 리스크를 최소화하는 데 중요하다. 주요 요소로는 다중 출처 확인, 일차 자료 확인, 전문가 자문, 시간성 고려, 편향성 인식 등이 있다. 출처 검증 과정에는 내부 데이터 확인, 외부 검증, 업계 표준과의 비교, 정부 데이터와의 대조, 학술 연구 참조, 시간적 일관성 확인, 경쟁사 정보 확인, 미디어 보도 검토, 한계점 명시, 제3자 검토 등의 단계가 포함된다.

이 기법을 적용할 때는 시간과 비용 고려, 기밀 정보 취급 주의, 새로운 정보에 대한 대응, 불확실성 인정, 편향 인식 등에 주의해야 한다. 철저한 출처 검증은 기업의 신뢰성을 높이고 평판을 보호하는 데 필수적이다. 사실 검증 및 출처 확인을 위한 주요 방법은 다음과 같다.

① 다중 출처 확인: 하나의 정보를 여러 신뢰할 수 있는 출처를 통해 교차 검증한다.

② 일차 자료 확인: 가능한 경우 원본 자료나 일차 출처를 직접 확인한다.

③ 전문가 자문: 해당 분야의 전문가에게 정보의 정확성을 확인받는다.

④ 시간성 고려: 정보가 최신의 것인지, 시간이 지나 변경되지 않았는지 확인한다.

⑤ 편향성 인식: 출처의 잠재적 편향성을 인지하고 이를 고려한다.

◆   활용 예시

다음은 기업의 환경 영향 보고서 작성 과정에서 사실 검증 및 출처 확인을 하는 예시다.

구분	내용
상황	A전자가 연간 환경 영향 보고서를 작성하며 자사의 탄소 배출량 감소 성과를 포함하려 한다.
예시	1. 내부 데이터 확인: 　"우리 회사의 환경안전팀에서 제공한 탄소 배출량 데이터를 기초로 했습니다. 이 데이터는 ISO 14064 표준에 따라 수집 및 분석되었습니다." 2. 외부 검증: 　"국제적으로 인정받는 환경 감사 기관인 C사에 의해 검증되었습니다. C사는 지난 20년간 500개 이상의 기업 환경 보고서를 검증한 경험이 있습니다." 3. 업계 표준과의 비교: 　"세계자원연구소(WRI)와 지속가능발전기업협의회(WBCSD)가 개발한 '온실가스 프로토콜'에 따라 배출량을 산정했습니다. 이는 글로벌 스탠다드로 인정받는 방법론입니다." 4. 정부 데이터와의 대조: 　"환경부에서 발표한 '2023년 기업별 온실가스 배출량 보고서'의 데이터와 대조하여 일관성을 확인했습니다." 5. 학술 연구 참조: 　"D대학 환경공학과의 최신 연구 결과를 참조하여 우리의 감축 방법론의 효과성을 검증했습니다. 이 연구는 peer-reviewed 저널에 게재된 것입니다." 6. 시간적 일관성: 　"과거 5년간의 데이터를 함께 제시하여 장기적인 트렌드를 보여주었습니다. 과거 데이터는 각 해당 연도의 연간 보고서에서 확인할 수 있습니다."

구분	내용
예시	7. 경쟁사 정보 확인: 　"주요 경쟁사들의 공식 지속가능경영보고서를 참조하여 업계 평균과 비교했습니다. 단, 각 기업의 산정 방식이 다를 수 있음을 명시했습니다." 8. 미디어 보도 검토: 　"우리 회사의 환경 정책에 관한 주요 경제지와 환경 전문 매체의 보도를 검토하여, 외부 인식과 우리의 데이터 간 차이가 없는지 확인했습니다." 9. 한계점 명시: 　"일부 해외 소규모 사업장의 데이터는 추정치를 사용했음을 보고서에 명확히 밝혔습니다. 이는 전체 배출량의 5% 미만에 해당합니다." 10. 제3자 검토: 　"최종적으로 환경법 전문 로펌에 의뢰하여 보고서의 법적 정확성과 리스크를 검토받았습니다." "이러한 철저한 사실 검증과 출처 확인 과정을 거쳐, 우리는 A전자의 탄소 배출량이 전년 대비 15% 감소했다는 결론을 내렸습니다. 이는 신뢰할 수 있는 수치이며, 우리의 환경 정책이 실질적인 효과를 내고 있음을 보여줍니다."

이 예시에서는 내부 데이터, 외부 검증, 업계 표준, 정부 데이터, 학술 연구, 경쟁사 정보, 미디어 보도 등 다양한 출처를 활용하여 정보의 정확성을 검증하고 있다.

♦   고려 사항

사실 검증과 출처 확인은 효과적인 실행을 위해 몇 가지 핵심
고려 사항이 있다. 모든 정보에 대한 완벽한 검증은 현실적으로 불
가능하므로, 전략적 중요도와 리스크 수준에 따른 우선순위 설정
이 필요하다. 검증 과정에서 기업의 민감 정보나 지적 재산이 의도
치 않게 노출되지 않도록 정보 보안 프로토콜을 수립해야 한다.

정보 환경은 지속해서 변화하므로, 최초 검증 이후 등장한 새로
운 사실이나 증거에 민첩하게 대응하는 체계를 갖추는 것이 중요
하다. 일부 정보는 본질적으로 불확실성을 내포하고 있음을 인정
하고, 그러한 경우 추정의 한계와 근거를 투명하게 공개해야 한다.

또한 인지적 편향, 특히 확증 편향을 인식하고 자사에 유리한
방향으로 정보를 선별적으로 해석하려는 경향성을 견제하는 내부
프로세스가 필요하다.

(18) 데이터 해석 맥락 제공: 데이터 프레이밍(Data Framing)

데이터를 해석하는 맥락을 제공하는 전략은 동일한 데이터도
어떻게 해석하고 맥락화하느냐에 따라 설득력과 영향력이 크게
달라질 수 있다는 점에 주목한다. 이는 객관적 사실을 바탕으로

하되, 청중에게 가장 효과적으로 전달하는 방법을 선택하는 기술이다.

♦ 핵심 기법

데이터 프레이밍(Data Framing)은 데이터를 특정 관점이나 맥락에서 해석하고 제시하여 설득력을 높이는 기법이다. 이 방법은 같은 데이터라도 어떻게 해석하고 제시하느냐에 따라 청중의 인식과 결정이 달라질 수 있다는 점을 활용한다. 주요 요소로는 비교기준 설정, 맥락 제공, 시간적 프레임 선택, 관점 설정, 데이터 분류 방식 등이 있다.

데이터 프레이밍 과정에는 적절한 비교 대상 선택하기, 데이터를 설명할 상황적 맥락 제공하기, 가장 효과적인 시간 범위 설정하기, 청중에게 가장 설득력 있는 관점 선택하기, 데이터를 전략적으로 분류하고 구성하기 등의 단계가 포함된다. 데이터 해석 및 프레이밍을 위한 주요 방법은 다음과 같다.

① 비교 기준 설정: 데이터를 어떤 기준과 비교하느냐에 따라 해석이 달라진다. 전년 대비, 경쟁사 대비, 업계 평균 대비 등 가장 유리한 비교 기준을 선택한다.

② 맥락 제공: 데이터만 제시하는 것보다 적절한 맥락과 함께 제시하면 해석 방향을 유도할 수 있다. 예를 들어, 경제 위기 상황에서의 3% 성장은 단순한 3% 성장보다 더 인상적으로 보인다.

③ 시간적 프레임 설정: 단기 추세와 장기 추세는 다른 이야기를 전달할 수 있다. 목적에 맞는 시간적 범위를 설정한다.

④ 절댓값과 상댓값 활용: 같은 데이터도 절댓값으로 표현할지, 비율로 표현할지에 따라 인식이 달라진다. 예를 들어, "300명 증가" vs "50% 증가"는 다른 인상을 준다.

⑤ 데이터 분류 및 구성: 데이터를 어떻게 분류하고 구성하느냐에 따라 패턴과 경향이 다르게 나타날 수 있다.

♦ 활용 예시

다음은 기업의 분기별 실적 발표에서 데이터 해석 및 프레이밍 전략을 활용한 예시다.

구분	내용
예시 1	동일 데이터에 대한 서로 다른 프레이밍 원본 데이터: 2023년 4분기 매출 2조 원, 영업이익 1000억 원 (전년 동기 대비 매출 5% 감소, 전분기 대비 매출 8% 증가) 부정적 프레이밍: "A전자는 2023년 4분기 매출 2조 원을 기록했으나, 이는 전년 동기 대비 5% 감소한 수치다. 업계 전문가들은 이를 시장 점유율 하락의 신호로 해석하고 있다."

구분	내용
예시 1	긍정적 프레이밍: "A전자는 어려운 경제 환경에도 불구하고 2023년 4분기 매출 2조 원을 달성했다. 특히 직전 분기 대비 8% 성장하며 회복세를 보였고, 이는 업계 평균 성장률 3%를 크게 상회하는 수치다." 중립적/맥락 중심 프레이밍: "A전자의 2023년 4분기 매출은 2조 원으로, 전년 동기 대비 5% 감소했으나 전분기 대비 8% 증가했다. 이는 상반기 공급망 문제 해결과 신제품 출시 효과가 본격화된 결과로 분석된다."
예시 2	비교 기준 변경을 통한 프레이밍 원본 데이터: 시장 점유율 데이터: 현재 시장 점유율 15% (전년 18%) 부정적 프레이밍: "A전자의 시장 점유율은 18%에서 15%로 하락하며, 16.7%의 감소율을 보였다." 긍정적 프레이밍: "A전자는 15%의 시장 점유율을 유지하며, 주요 경쟁사 B(12%), C(8%)를 여전히 앞서고 있다."
예시 3	시간적 프레임 조정을 통한 프레이밍 온라인 사업 매출 데이터: 최근 5년간 연도별 매출: 100억, 90억, 95억, 120억, 150억 단기 프레이밍: "A전자의 온라인 사업 매출은 지난 2년간 25% 성장했으며, 특히 전년 대비 25% 증가하는 폭발적 성장세를 보였다." 장기 프레이밍: "A전자의 온라인 사업 매출은 5년간 50% 성장하며 디지털 전환의 성공적 안착을 보여주고 있다."

◆ 고려 사항

데이터 해석 맥락 제공은 의사결정 과정에서 핵심적 역할을 하지만, 몇 가지 중요한 원칙을 준수해야 한다. 사실 왜곡은 절대 허용되지 않으며, 데이터 정확성은 타협할 수 없는 기본 원칙이다. 이를 무시할 경우 장기적 신뢰도에 치명적 손상을 입게 된다. 또한 한쪽으로 지나치게 편향된 프레이밍은 오히려 설득력을 감소시키므로, 균형 잡힌 접근이 필요하다.

데이터 출처, 수집 방법론, 분석 기법을 투명하게 공개함으로써 결론의 신뢰성을 강화해야 한다. 데이터 해석 시에는 관련성 높고 적절한 맥락을 제공해야 하며, 무관한 맥락은 혼란을 가중시킬 뿐이다. 데이터 프레이밍의 궁극적 목적은 청중 조작이 아닌 정보에 대한 이해도 향상에 있어야 한다.

제3장

효과적인 논증 구조 설계

강력한 주장 설정하기

강력한 주장은 논증의 근간이자 설득 과정의 시작점이다. 명확하고 간결한 주장은 복잡한 아이디어를 쉽게 전달하고, 청중의 관심을 집중시키며, 의사결정을 촉진한다. 본질적으로 주장은 행동을 유도하는 도구이며, 그 효과는 명확성과 설득력에 좌우된다.

주장 명확화는 핵심 메시지를 간결하게 정의하고 불필요한 내용을 제거하는 기술이다. 효과적인 주장은 구체적 표현과 능동태를 활용하며, 가능한 경우 수치 데이터로 뒷받침된다. "우리 전략은 시장 점유율을 향상시킬 것이다"보다 "신규 디지털 마케팅 전략은 12개월 내 시장 점유율을 15% 증가시킬 것이다"가 더 명확하다.

주장의 중요성을 부각하려면 맥락을 제공하고 영향력을 강조해야 한다. 이는 청중에게 '왜 관심을 가져야 하는지'를 명확히 전달한다. 시급성을 부각하고, 주장을 개인 차원으로 연결하며, 다른 대안과 비교함으로써 중요성을 강화할 수 있다.

강력한 주장은 잠재적 반론을 예측하고 이에 대비한다. 이는 주장의 약점을 사전에 보완하고 신뢰도를 높인다. 다각도 분석을 통해 약점을 파악하고, 반론에 대한 구체적 대응 논리를 준비한다. 선제적으로 반론을 언급하는 것은 투명성과 자신감을 보여준다.

주장 설정은 단순한 의견 표명이 아닌 전략적 과정이다. 명확하고 중요성이 부각된 주장에 반론 대비가 더해지면, 그 어떤 도전적 상황에서도 견고하게 설 수 있는 논증의 토대가 마련된다.

(19) 명확하고 간결한 주장 만들기: 주장 명확화(Claim Clarification)

명확하고 간결한 주장은 효과적인 논증의 핵심이다. 이는 복잡한 아이디어나 입장을 청중이 쉽게 이해하고 기억할 수 있도록 만드는 기술이다. 이 기술을 완벽히 습득하면, 위기 상황이나 중요한 발표에서 회사의 입장을 강력하게 전달할 수 있다.

주장 명확화(Claim Clarification)는 복잡한 아이디어나 입장을 간결하고 이해하기 쉬운 형태로 표현하는 기법이다. 이 방법은 메시지의 핵심을 정확히 전달하고 청중의 이해와 기억을 촉진하는 데 효과적이다. 주요 요소로는 핵심 메시지 정의, 불필요한 내용 제거, 구체적 표현 사용, 능동태 활용, 숫자 활용 등이 있다. 주장 명확화 과정에는 모호한 표현을 구체적이고 측정이 가능한 형태로 바꾸고, 핵심 주장을 뒷받침하는 구체적인 계획을 제시하는 단계가 포함된다.

이 기법을 적용할 때는 과도한 단순화 피하기, 청중 고려, 일관성 유지, 실현 가능성 확보, 검증 가능성 유지 등에 주의해야 한다. 효과적인 주장 명확화는 기업의 입장을 강력하게 전달하고, 위기 상황에서 신속하고 명확한 대응을 가능케 하며, 다양한 커뮤니케이션 상황에서 메시지의 전달력을 높인다. 명확하고 간결한 주장을 만들기 위한 주요 방법은 다음과 같다.

① 핵심 메시지 정의: 전달하고자 하는 가장 중요한 한 가지 메시지를 정한다.
② 불필요한 내용 제거: 주장을 뒷받침하지 않는 부수적인 정보는 과감히 제거한다.

③ 구체적 표현 사용: 모호하거나 추상적인 표현 대신 구체적이고 명확한 언어를 사용한다.

④ 능동태 사용: 수동태보다는 능동태를 사용하여 주장의 힘을 강화한다.

⑤ 숫자 활용: 가능한 경우, 구체적인 숫자나 통계를 활용하여 주장의 명확성을 높인다.

◆　활용 예시

다음은 새로운 환경 정책을 발표하는 상황에서 명확하고 간결한 주장을 만드는 예시다.

구분	내용
모호한 주장	우리 회사는 앞으로 환경을 더 생각하는 방향으로 나아가려고 합니다.
명확하고 간결한 주장	A전자는 2030년까지 전 생산 공정의 탄소 배출량을 50% 감축하겠습니다. 이를 위해 우리는 다음과 같은 구체적인 계획을 수립했습니다. 1. 재생 에너지 사용 확대: 2025년까지 모든 공장의 전력을 100% 재생 에너지로 전환 2. 친환경 소재 도입: 2027년까지 제품의 70%를 재활용이 가능한 소재로 제작 3. 공급망 관리 강화: 2024년부터 모든 협력사에 연간 탄소 배출량 5% 감축 의무화 4. 친환경 기술 투자: 매년 R&D 예산의 30%를 친환경 기술 개발에 투자 이 목표는 단순한 선언이 아닌 우리의 확고한 의지입니다. 우리는 이를 통해 환경 보호에 기여함과 동시에, 장기적으로 기업의 지속가능성을 높일 수 있다고 확신합니다.

이 예시에서는 모호하고 일반적인 표현 대신 구체적인 목표와 수치를 사용하여 주장을 명확하게 만들었다. 또한 핵심 주장을 뒷받침하는 구체적인 계획들을 간결하게 제시하여 주장의 실현 가능성을 높이고 있다.

♦ 고려 사항

명확하고 간결한 주장을 만들 때는 몇 가지 핵심 원칙을 반드시 고려해야 한다. 과도한 단순화는 피해야 하는데, 간결성 추구 과정에서 중요한 뉘앙스나 필수 정보를 누락시키면 오히려 주장의 설득력이 약화된다. 청중의 배경지식과 관심사를 정확히 파악하여 그들에게 적절한 수준의 정보를 제공하는 것이 효과적이다. 또한 주장은 반드시 회사의 전반적인 방침이나 가치관과 일치해야 하며, 내부적 일관성을 유지해야 한다.

실현 가능성 확보는 신뢰도 유지의 핵심 요소로, 과장된 주장보다는 실제로 달성이 가능한 목표를 제시하는 것이 중요하다. 나아가 모든 주장은 객관적으로 검증이 가능한 형태로 제시되어야 하며, 이는 추후 책임성과 신뢰성을 담보하는 기반이 된다.

(20) 주장의 중요성 강조하기:
중요성 부각(Highlighting Significance)

주장의 중요성을 강조하는 것은 청중의 관심을 집중시키고 메시지의 영향력을 높이는 핵심 전략이다. 이는 단순히 주장을 제시하는 것을 넘어, 그 주장이 왜 중요한지, 어떤 영향을 미칠 수 있는지를 효과적으로 전달하는 기술이다. 이 전략을 잘 활용하면, 기업의 메시지가 더 큰 반향을 일으키고 장기적인 영향을 미칠 수 있다.

♦ 핵심 기법

중요성 부각(Highlighting Significance)은 주장이나 메시지의 가치와 영향력을 강조하여 청중의 관심과 지지를 얻는 기법이다. 이 방법은 단순한 정보 전달을 넘어 메시지의 중요성과 시의성을 효과적으로 전달한다. 주요 요소로는 맥락 제공, 영향력 강조, 시급성 부각, 개인화, 비교 활용 등이 있다. 중요성 부각 과정에는 주장의 전략적 중요성 설명, 경제적 영향 분석, 고객 가치 제시, 환경적 의의 강조, 시급성 설명 등의 단계가 포함된다.

이 기법을 적용할 때는 과장 주의, 균형 유지, 구체성 확보, 청중 맞춤, 장기적 시각 유지 등에 주의해야 한다. 효과적인 중요성 부각은 기업의 주요 결정에 대한 지지를 얻고, 이해관계자들의 참여를 유도하며, 장기적 비전을 전달하는 데 도움을 준다. 이는 주요 정책 발표, 투자 결정, 위기 대응 등 다양한 상황에서 유용하게 활용될 수 있다. 주장의 중요성을 효과적으로 강조하기 위한 주요 방법은 다음과 같다.

① 맥락 제공: 주장이 현재 상황이나 트렌드와 어떻게 연관되는지 설명한다.

② 영향력 강조: 주장이 실현될 경우 예상되는 긍정적 결과를 구체적으로 제시한다.

③ 시급성 부각: 왜 지금 이 주장이 중요한지, 시기의 적절성을 강조한다.

④ 개인화: 주장이 청중 개개인에게 어떤 의미가 있는지 연결짓는다.

⑤ 비교 활용: 다른 대안이나 현상유지와 비교하여 주장의 우수성을 부각한다.

♦ 활용 예시

다음은 새로운 기술 투자 계획을 발표하는 상황에서 주장의 중요성을 강조하는 예시다.

구분	내용
주장	A전자는 향후 5년간 인공지능(AI) 기술 개발에 1조 원을 투자하겠습니다.
주장의 중요성 강조	이 투자 결정의 중요성은 아무리 강조해도 지나치지 않습니다. 첫째, 이는 우리 회사의 미래를 좌우할 전략적 선택입니다. AI는 단순한 트렌드가 아닌, 모든 산업의 패러다임을 바꿀 핵심 기술입니다. 이 투자로 우리는 AI 시대의 선두주자로 자리매김할 수 있습니다. 둘째, 이는 국가 경제에도 큰 영향을 미칠 결정입니다. 우리의 투자는 관련 산업 생태계를 활성화시키고, 최소 5만 개의 새로운 일자리를 창출할 것으로 예상됩니다. 셋째, 이는 우리 고객들의 삶을 획기적으로 개선할 수 있는 기회입니다. AI 기술을 통해 우리는 더 스마트하고, 더 효율적이며, 더 개인화된 제품을 제공할 수 있게 될 것입니다. 넷째, 환경적 측면에서도 이 투자의 의미가 큽니다. AI 기술을 활용한 에너지 효율화로, 우리 제품의 탄소 발자국을 30% 이상 줄일 수 있을 것으로 기대됩니다. 마지막으로, 이는 지금 당장 행동해야 하는 시급한 과제입니다. AI 기술 경쟁은 이미 시작되었고, 선제적 투자만이 우리의 경쟁력을 보장할 수 있습니다. 이 투자는 단순한 비용 지출이 아닙니다. 이는 우리의 미래를 위한, 우리 고객을 위한, 그리고 우리 사회를 위한 필수적인 선택입니다. A전자는 이 중요한 도전을 통해 새로운 미래를 열어갈 것을 약속해 드립니다.

이 예시에서는 투자 결정의 중요성을 다각도로 강조하고 있다. 회사의 미래, 국가 경제, 고객 가치, 환경 영향, 시급성 등 다양한 측면에서 주장의 중요성을 부각시키고 있다.

♦ 　고려 사항

주장의 중요성 강조 시 주의할 점은 과장을 피하면서 현실적이고 검증이 가능한 범위 내에서 이루어져야 한다. 긍정적 측면만 강조하기보다 잠재적 도전과제도 함께 언급하여 균형을 유지하고 신뢰성을 높이는 것이 중요하다. 추상적 표현보다는 구체적 수치나 예시를 활용하여 구체성을 확보해야 하며, 다양한 이해관계자들에게 각각 어떤 의미가 있는지 설명하는 청중 맞춤형 접근이 필요하다. 또한 단기적 이익만이 아닌 장기적 영향력도 함께 강조해야 한다.

(21) 반론 예측 및 대비하기:
반론 대응(Addressing Counterarguments)

반론 예측 및 대비는 효과적인 논증 구조 설계의 핵심 요소다. 이는 가능한 반대 의견이나 비판을 미리 예상하고 그에 대한 대응을 준비하는 전략이다. CEO나 PR 실무자가 이 기술에 숙달하면, 기업의 입장을 더욱 견고하게 만들고 신뢰성을 높일 수 있다.

◆　핵심 기법

반론 대응(Addressing Counterarguments)은 가능한 반대 의견이나 비판을 미리 예측하고 그에 대한 효과적인 대응을 준비하는 기법이다. 이 방법은 주장의 신뢰성을 높이고 잠재적 약점을 보완하는 데 중요하다. 주요 요소로는 다각도 분석, 약점 파악, 데이터 준비, 대안 제시, 선제적 언급 등이 있다. 반론 대응 과정에는 주요 이해관계자들의 가능한 우려 사항을 예측하고, 각각에 대해 구체적이고 논리적인 대응을 준비하는 단계가 포함된다. 반론 예측 및 대비를 위한 주요 방법은 다음과 같다.

① 다각도 분석: 다양한 이해관계자의 관점에서 주장을 검토한다.

② 약점 파악: 자사 주장의 잠재적 약점이나 한계를 정직하게 인식한다.

③ 데이터 준비: 예상되는 반론에 대응할 수 있는 구체적 데이터와 사례를 준비한다.

④ 대안 제시: 반론이 제기하는 문제에 대한 구체적인 해결책이나 대안을 마련한다.

⑤ 선제적 언급: 중요한 반론은 상대방이 제기하기 전에 먼저 언급하고 대응한다.

◆   활용 예시

다음은 새로운 인공지능(AI) 기술 도입에 관한 발표에서 반론
을 예측하고 대비하는 예시다.

구분	내용
주장	A전자는 고객 서비스 센터에 AI 챗봇을 전면 도입하여 서비스 품질을 혁신적으로 개선하겠습니다.
예상 반론 및 대비	1. 반론: "AI 챗봇은 인간 상담원만큼 섬세한 응대가 불가능할 것이다." 　　대비: "우리의 AI 챗봇은 자연어 처리 기술을 통해 고객의 감정을 인식하고 공감적 응대가 가능합니다. 또한, 복잡한 문의의 경우 즉시 인간 상담원에게 연결되는 시스템을 갖추고 있습니다." 2. 반론: "AI 도입으로 많은 직원들이 일자리를 잃게 될 것이다." 　　대비: "AI 챗봇 도입은 일자리 감소가 아닌 재배치를 의미합니다. 기존 상담원들은 AI 관리와 복잡한 문의 처리 등 더 가치 있는 업무로 전환될 것이며, 이를 위한 재교육 프로그램을 이미 준비했습니다." 3. 반론: "고객 데이터의 프라이버시가 위협받을 수 있다." 　　대비: "우리는 데이터 보안을 최우선으로 고려했습니다. 모든 고객 데이터는 End-to-End 암호화되며, AI의 데이터 접근 권한을 엄격히 제한하고 있습니다. 또한, 고객이 원할 경우 언제든 자신의 데이터 삭제를 요청할 수 있습니다." 4. 반론: "AI 챗봇의 오류로 인한 고객 피해가 우려된다." 　　대비: "AI 챗봇은 6개월간의 베타 테스트를 거쳤으며, 99.9%의 정확도를 보여주었습니다. 그럼에도 오류 가능성에 대비해, AI의 모든 응답은 로그로 기록되며 실시간 모니터링 시스템을 통해 즉각적인 수정이 가능합니다."

구분	내용
예상 반론 및 대비	5. 반론: "기술 도입 비용이 너무 높아 결국 고객에게 부담될 것이다." 대비: "초기 투자 비용은 있지만, 장기적으로 운영 효율성 증대로 인한 비용 절감 효과가 클 것으로 예상됩니다. 이 절감된 비용은 서비스 품질 향상과 가격 경쟁력 강화에 재투자될 것이며, 결과적으로 고객에게 더 나은 가치를 제공할 수 있을 것입니다." 이러한 우려 사항들에 대해 우리는 진지하게 고민하고 대비해 왔습니다. AI 챗봇 도입은 단순한 기술 혁신이 아닌, 고객 서비스의 질적 도약을 위한 전략적 선택입니다. 우리는 이를 통해 더 빠르고, 더 정확하며, 더 개인화된 서비스를 제공할 수 있을 것으로 확신합니다.

이 예시에서는 주요 이해관계자들이 제기할 수 있는 다양한 반론을 예측하고, 각각에 대해 구체적이고 설득력 있는 대응을 준비하고 있다.

♦   고려 사항

반론 예측 및 대비는 진정성을 바탕으로 단순한 반박보다 상대방의 의견을 진지하게 고려하고 대응해야 한다. 모든 반론을 완벽히 해결할 수 없음을 인정하는 유연한 자세가 필요하며, 지속적인 개선 의지를 표현하는 것이 중요하다. 감정적 대응을 지양하고 사실과 데이터에 기반한 논리적 접근으로 객관성을 유지해야 하며, 다양한 이해관계자 관점을 고려하여 폭넓은 반론을 예측하는 포괄적 시각이 필요하다. 또한 반론을 조직 발전의 기회로 삼는 긍정적 프레이밍을 활용해야 한다.

2

근거 선별과 배열 전략

근거의 선별과 효과적인 배열은 설득력 있는 논증의 핵심이다. 아무리 강력한 주장이라도 신뢰할 수 있는 근거 없이는 공허한 주장에 불과하며, 근거가 체계적으로 조직되지 않으면 그 영향력은 크게 감소한다.

신뢰할 수 있는 근거 선택은 논증의 기반을 강화한다. 근거는 출처의 신뢰성, 최신성, 관련성, 객관성, 검증 가능성을 기준으로 평가해야 한다. 국제기구 보고서, 학술 연구, 독립 기관의 분석, 정부 데이터 등은 높은 신뢰도를 제공한다. 반면, 편향된 정보나 검증되지 않은 주장은 오히려 논증을 약화시킨다. 근거 선택 시 맥락 고려, 편향성 주의, 과대 해석 경계, 다양성 확보, 투명성 유지에 주의해야 한다.

선택한 근거는 가장 효과적인 순서로 배치해야 한다. 중요도 순서, 시간 순서, 인과관계, 일반에서 구체로의 진행, 문제-해결 구조 등 다양한 배열 방식을 활용할 수 있다. 각 상황과 메시지에 적합한 구조를 선택하는 것이 중요하다. 일관성 유지, 자연스러운 전환, 균형 유지, 청중 고려, 강약 조절 등이 효과적인 구조화의 핵심 요소다.

개별 근거들을 유기적으로 결합하면 논증의 설득력이 크게 향상된다. 인과관계 강조, 상호보완성 부각, 공통 주제 활용, 전이 문구 사용, 비교와 대조 등의 방법으로 근거 간 연결성을 강화할 수 있다. 근거 간 연결이 논리적이고 명확할 때, 청중은 정보를 더욱 체계적으로 이해하고 수용하게 된다.

근거의 선별과 배열은 과학적인 동시에 예술적인 과정이다. 신뢰할 수 있는 근거를 선택하고, 이를 논리적으로 구조화하며, 각 근거 간의 연결성을 강화함으로써 논증은 단단한 구조를 갖추게 된다. 이러한 논증은 비판적 검토에도 견딜 수 있는 강력한 설득력을 발휘한다.

(22) 신뢰할 수 있는 근거 선택:
근거 신뢰성 평가(Evidence Credibility Assessment)

신뢰할 수 있는 근거 선택은 논증의 설득력을 높이는 핵심 요소다. 이는 주장을 뒷받침하는 데이터, 사실, 전문가 의견 등을 신중하게 선별하는 과정을 의미한다. 이 기술을 효과적으로 활용하면, 기업의 메시지에 대한 신뢰도를 크게 향상시킬 수 있다.

◆   핵심 기법

근거 신뢰성 평가(Evidence Credibility Assessment)는 주장을 뒷받침하는 데이터, 사실, 전문가 의견 등을 신중하게 선별하여 논증의 설득력을 높이는 기법이다. 이 방법은 기업 메시지의 신뢰도를 크게 향상시키는 데 중요하다. 주요 요소로는 출처의 신뢰성, 최신성, 관련성, 객관성, 검증 가능성 등이 있다. 근거 신뢰성 평가 과정에는 국제기구 보고서, 업계 선도 기업 사례, 독립 연구 기관 분석, 정부 정책 방향, 자체 프로젝트 결과, 고객 설문 조사 등 다양하고 신뢰할 수 있는 출처의 정보를 활용하는 단계가 포함된다.

이 기법을 적용할 때는 맥락 고려, 편향성 주의, 과대 해석 경계, 다양성 확보, 투명성 유지 등에 주의해야 한다. 효과적인 근거 신뢰성 평가는 기업의 주장에 대한 신뢰도를 높이고, 이해관계자들의 지지를 얻는 데 도움을 주며, 위기 상황에서도 회사의 입장을 설득력 있게 전달할 수 있게 한다. 신뢰할 수 있는 근거를 선택하기 위한 주요 방법은 다음과 같다.

① 출처의 신뢰성: 인정받는 기관, 전문가, 학술 저널 등의 정보를 우선으로 고려한다.
② 최신성: 가장 최근의 데이터와 연구 결과를 사용한다.
③ 관련성: 주장과 직접적으로 관련된 근거를 선택한다.
④ 객관성: 편향되지 않은 중립적인 정보를 선택한다.
⑤ 검증 가능성: 독립적으로 확인할 수 있는 근거를 우선시한다.

◆ 활용 예시

다음은 기업의 환경 정책 발표에서 신뢰할 수 있는 근거를 선택하여 활용하는 예시다.

구분	내용
주장	A전자는 2030년까지 전체 에너지 사용량의 100%를 재생 에너지로 전환하겠습니다.
신뢰할 수 있는 근거 선택	1. 국제기구의 보고서: 　"UN 환경 계획(UNEP)의 최신 보고서에 따르면, 기업의 재생 에너지 전환은 글로벌 탄소 배출량 감축에 결정적 역할을 합니다. 특히 전자 산업의 경우, 2030년까지 100% 재생 에너지 전환 시 연간 2억 톤의 CO_2 감축 효과가 있을 것으로 예측됩니다."

구분	내용
신뢰할 수 있는 근거 선택	2. 업계 선도 기업의 사례: "글로벌 기술 기업 C사는 2025년에 100% 재생 에너지 전환을 달성했으며, 이를 통해 연간 운영 비용을 15% 절감했다고 발표했습니다." 3. 독립 연구 기관의 분석: "에너지경제연구원의 2023년 보고서는 재생 에너지 가격이 2030년까지 현재의 60% 수준으로 하락할 것으로 전망하고 있어, 장기적으로 재생 에너지 전환이 경제성을 갖출 것으로 예상됩니다." 4. 정부 정책 방향: "산업통상자원부는 2024년 발표한 '2050 탄소중립 로드맵'에서 2035년까지 전자 산업의 재생 에너지 사용 비율을 80%까지 높이는 목표를 제시했습니다." 5. 자체 파일럿 프로젝트 결과: "우리 회사가 지난 2년간 진행한 태양광 발전 파일럿 프로젝트에서, 한 공장의 에너지 사용량 40%를 재생 에너지로 대체하여 연간 10억 원의 비용 절감 효과를 확인했습니다." 6. 고객 설문 조사: "글로벌 시장조사기관 D사가 실시한 2024년 소비자 트렌드 조사에 따르면, 응답자의 78%가 환경친화적 기업의 제품을 선호한다고 답했습니다." 이러한 신뢰할 수 있는 근거들은 우리의 재생 에너지 전환 계획이 환경적으로 중요할 뿐만 아니라, 경제적으로도 타당하며 고객의 기대에도 부응하는 결정임을 보여줍니다. A전자는 이 도전적인 목표를 달성하기 위해 전사적 노력을 기울일 것입니다.

이 예시에서는 국제기구, 업계 선도 기업, 독립 연구 기관, 정부 정책, 자체 프로젝트 결과, 시장 조사 등 다양하고 신뢰할 수 있는 출처의 근거를 활용하여 주장을 뒷받침하고 있다.

♦ 고려 사항

신뢰할 수 있는 근거 선택 시에는 해당 근거가 제시된 원래 맥락을 충분히 이해하고 적절히 활용하는 것이 중요하다. 자사에 유리한 정보만 선별적으로 사용하는 편향성을 피해야 하며, 데이터나 연구 결과를 과장하거나 왜곡하는 과대 해석을 경계해야 한다. 다양한 유형과 출처의 근거를 균형 있게 사용하여 다양성을 확보하고, 근거의 출처를 명확히 밝히며 필요시 원본 자료에 대한 접근을 제공하는 투명성을 유지해야 한다.

(23) 근거의 논리적 배열: 논리적 구조화(Logical Structuring)

근거의 논리적 배열은 주장의 설득력을 높이는 핵심 전략이다. 이는 선택한 근거들을 가장 효과적인 순서로 배치하여 청중의 이해와 수용을 극대화하는 기술이다. 이 기술에 숙달하면, 복잡한 정보를 명확하고 설득력 있게 전달할 수 있다.

◆ 핵심 기법

논리적 구조화(Logical Structuring)는 선택한 근거들을 가장 효과적인 순서로 배치하여 주장의 설득력을 높이는 기법이다. 이 방법은 복잡한 정보를 명확하고 설득력 있게 전달하는 데 중요하다. 주요 요소로는 중요도 순서, 시간 순서, 인과관계, 일반에서 구체로의 진행, 문제-해결 구조 등이 있다. 논리적 구조화 과정에는 시장 현황 제시, 소비자 니즈 분석, 기술 개발 과정 설명, 핵심 기술 소개, 성능 검증 데이터 제시, 시장 영향 예측, 결론 및 비전 제시 등의 단계가 포함될 수 있다.

이 기법을 적용할 때는 일관성 유지, 자연스러운 전환, 균형 유지, 청중 고려, 강약 조절 등에 주의해야 한다. 효과적인 논리적 구조화는 메시지의 영향력을 극대화하고, 청중의 이해와 수용을 촉진하며, 기업의 커뮤니케이션 목표 달성에 크게 기여한다. 근거를 논리적으로 배열하기 위한 주요 방법은 다음과 같다.

① 중요도 순서: 가장 강력하거나 중요한 근거부터 제시한다.
② 시간 순서: 사건이나 데이터를 시간 흐름에 따라 배열한다.
③ 인과관계: 원인과 결과를 논리적으로 연결하여 배열한다.
④ 일반에서 구체로: 큰 그림을 먼저 제시하고 세부 사항으로

좁혀간다.

⑤ 문제-해결 구조: 문제를 제시한 후 해결책을 순차적으로 설명한다.

♦ 활용 예시

다음은 신제품 출시 발표에서 근거를 논리적으로 배열하는 예시다.

구분	내용
주장	A전자의 새로운 스마트폰 'X1'은 시장을 혁신할 것입니다.
논리적 배열	1. 시장 현황 (일반적 맥락): "최근 글로벌 스마트폰 시장은 혁신의 정체기를 겪고 있습니다. 시장조사기관 E사의 보고서에 따르면, 지난 3년간 스마트폰의 핵심 기능 개선율이 10% 미만에 그쳤습니다." 2. 소비자 니즈 (문제 제시): "동시에, F대학의 소비자 행동 연구에 따르면, 사용자의 82%가 '진정한 혁신'을 갈망하고 있으며, 특히 배터리 수명과 카메라 성능 개선에 대한 요구가 높았습니다." 3. 기술 개발 과정 (시간 순서): "A전자는 이러한 시장 요구에 부응하기 위해 3년 전부터 'Project X'를 시작했습니다. 첫해에는 기초 연구에, 이후 2년간 집중적인 응용 개발과 테스트를 거쳤습니다." 4. 핵심 기술 소개 (중요도 순서): "그 결과, 'X1'에는 세 가지 혁신적인 기술이 탑재되었습니다." a) 7일 지속되는 양자점 배터리 기술

구분	내용
논리적 배열	b) 야간에도 주간과 동일한 화질을 제공하는 AI 카메라 c) 홀로그램 디스플레이 기술 5. 성능 검증 (구체적 데이터): 　"독립적인 기술 평가 기관 G사의 테스트 결과, 'X1'의 배터리 수명은 업계 평균 대비 300% 향상되었으며, 카메라 성능은 전문가용 DSLR 카메라와 대등한 수준으로 평가받았습니다." 6. 시장 영향 예측 (결과 및 전망): 　"이러한 혁신적 기능들로 인해, 시장조사기관 H사는 'X1'이 출시 첫해에 글로벌 시장 점유율을 5% 이상 높일 것으로 전망하고 있습니다." 7. 결론 및 비전: 　"A전자의 'X1'은 단순한 신제품이 아닌, 스마트폰의 새로운 시대를 여는 혁신의 결정체입니다. 우리는 이를 통해 모바일 기술의 미래를 선도하고, 사용자들에게 전에 없던 가치를 제공할 것입니다."

이 예시에서는 시장 현황부터 시작하여 소비자 니즈, 기술 개발 과정, 핵심 기술, 성능 검증, 시장 영향 예측, 그리고 결론 및 비전으로 이어지는 논리적 흐름을 보여주고 있다. 이러한 배열은 청중이 제품의 중요성과 혁신성을 단계적으로 이해하도록 돕는다.

♦　고려 사항

근거의 논리적 배열 시에는 전체 논리 흐름의 일관성을 유지하

는 것이 필수적이다. 각 근거 사이의 전환이 자연스럽게 이루어지
도록 설계해야 하며, 특정 측면에 치우치지 않도록 다양한 유형의
근거를 균형 있게 배치하는 것이 중요하다. 청중의 관심사와 이해
수준을 고려하여 배열 순서를 전략적으로 조정하고, 가장 강력한
근거로 시작하고 끝내되 중간에 약한 근거가 집중되지 않도록 강
약을 조절해야 한다.

(24) 근거 간 연결성 강화: 논리적 연결(Logical Connection)

근거 간 연결성 강화는 개별 근거들을 유기적으로 결합하여 전
체 논증의 설득력을 높이는 전략이다. 이는 각 근거가 독립적으로
존재하는 것이 아니라, 서로 연관되어 더 강력한 주장을 뒷받침하
도록 만드는 기술이다. 이를 효과적으로 활용하면, 복잡한 메시지
도 일관성 있고 설득력 있게 전달할 수 있다.

◆ 핵심 기법

논리적 연결(Logical Connection)은 개별 근거들을 유기적으로 결
합하여 전체 논증의 설득력을 높이는 기법이다. 이 방법은 복잡한
메시지를 일관성 있고 설득력 있게 전달하는 데 중요하다. 주요
요소로는 인과관계 강조, 상호보완성 부각, 공통 주제 활용, 전이

문구 사용, 비교와 대조 등이 있다. 논리적 연결 과정에는 환경, 사회, 경제적 측면의 근거들이 서로 어떻게 연결되고 상호작용하는지를 명확히 보여주는 단계가 포함된다. 각 근거 사이의 인과관계와 상호보완성을 강조하며, 전체적으로 일관된 메시지를 전달한다.

이 기법을 적용할 때는 강제성 주의, 복잡성 관리, 명확성 유지, 일관성 확보, 균형 유지 등에 주의해야 한다. 효과적인 논리적 연결은 복잡한 메시지를 더욱 일관되고 설득력 있게 전달하며, 이해관계자들의 종합적인 이해와 지지를 얻는 데 도움을 준다. 근거 간 연결성을 강화하기 위한 주요 방법은 다음과 같다.

① 인과관계 강조: 한 근거가 다른 근거의 원인이나 결과임을 보여준다.
② 상호보완성 부각: 서로 다른 근거들이 어떻게 함께 작용하여 주장을 강화하는지 설명한다.
③ 공통 주제 활용: 모든 근거를 관통하는 중심 주제나 메시지를 설정한다.
④ 전이 문구 사용: 근거 사이의 연결을 명확히 하는 전이 문구를 활용한다.
⑤ 비교와 대조: 근거들 간의 유사점과 차이점을 통해 연결성

을 강화한다.

◆   활용 예시

다음은 기업의 지속가능경영 전략 발표에서 근거 간 연결성을
강화하는 예시다.

구분	내용
주장	A전자의 지속가능경영 전략은 환경 보호, 사회적 책임, 경제적 성과의 조화를 통해 장기적 기업 가치를 창출할 것입니다.
근거 연결성 강화	1. 환경적 측면: "우리는 2025년까지 전 생산시설의 탄소 배출량을 50% 감축하겠다는 목표를 세웠습니다. 이를 위해 재생 에너지 사용 비율을 현재 20%에서 80%로 높일 계획입니다." 연결: "이러한 환경 보호 노력은 단순히 지구를 위한 것만이 아닙니다. 이는 우리의 사회적 책임과 직접적으로 연결됩니다." 2. 사회적 측면: "탄소 배출 감축을 통해 지역사회의 대기질이 개선될 것으로 예상됩니다. 실제로, 환경부의 연구에 따르면 기업의 탄소 배출 50% 감축 시 주변 지역의 미세먼지 농도가 30% 감소하는 효과가 있습니다." 연결: "이러한 환경 개선과 사회적 책임의 실천은 결과적으로 우리의 경제적 성과로 이어집니다." 3. 경제적 측면: "지속가능경영 평가기관 J사의 보고서에 따르면, 환경 및 사회적 책임을 다하는 기업의 주가가 그렇지 않은 기업에 비해 평균 15% 높게 형성되는 것으로 나타났습니다. 또한, 친환경 기업에 대한 소비자 선호도가 높아져 매출 증대 효과도 기대할 수 있습니다."

구분	내용
근거 연결성 강화	연결: "이처럼 환경, 사회, 경제적 측면은 서로 긴밀히 연결되어 있으며, 이 세 가지 요소의 균형 있는 발전이 우리의 장기적 성공을 보장할 것입니다." 4. 종합: "환경 보호를 통한 사회적 가치 창출, 그리고 이를 통한 경제적 성과 달성이라는 선순환 구조는 A전자의 지속가능경영 전략의 핵심입니다. 이 세 요소는 서로 독립적인 것이 아니라, 하나의 통합된 시스템으로 작동합니다." "예를 들어, 우리의 탄소 감축 노력(환경적 측면)은 지역사회 대기질 개선(사회적 측면)으로 이어지고, 이는 다시 기업 이미지 개선과 매출 증대(경제적 측면)로 연결됩니다. 동시에 경제적 성과는 더 많은 환경 투자를 가능케 하여, 이 선순환을 지속해서 강화합니다."

이 예시에서는 환경, 사회, 경제적 측면의 근거들이 서로 어떻게 연결되고 상호작용 하는지를 명확히 보여주고 있다. 각 근거 사이의 인과관계와 상호보완성을 강조하며, 전체적으로 일관된 메시지를 전달하고 있다.

◆ 고려 사항

근거 간 연결성 강화 시에는 자연스럽고 논리적인 연결을 추구해야 하며 억지로 연결하는 강제성을 피해야 한다. 너무 많은 연결 시도는 오히려 혼란을 초래할 수 있으므로 복잡성을 적절히 관리해야 하며, 연결 관계 설명 시 명확하고 이해하기 쉬운 언어를 사용하여 명확성을 유지해야 한다. 모든 연결이 전체적인 주장과 일관성을 가지도록 하며, 특정 연결에 과도하게 의존하지 않고 다양한 연결 방식을 균형 있게 활용하는 것이 중요하다.

3

논리적 흐름 구성하기

논리적 흐름은 논증의 뼈대이자 근간이다. 체계적인 논리 구조는 복잡한 주장도 명료하게 전달하고, 청중의 이해와 수용을 촉진한다. 효과적인 논리 전개를 위해서는 연역법, 귀납법, 인과관계 분석 등 검증된 추론 방식을 전략적으로 활용해야 한다.

연역적 추론은 일반적인 원칙이나 전제에서 구체적인 결론을 도출하는 방식이다. 이는 보편적 원칙의 권위를 빌려 구체적 상황에 적용하는 강력한 도구다. 연역법을 활용할 때는 명확한 전제 설정, 단계적 접근, 논리적 연결성 확보가 중요하다. 연역법은 명확한 원칙이나 법칙이 존재하는 분야에서 특히 효과적이지만, 전제의 타당성이 확보되지 않으면 결론도 무너질 수 있다는 점을 주의해야 한다.

귀납적 추론은 개별 사례나 관찰로부터 일반적 결론을 끌어내는 방식이다. 충분히 다양하고 대표성 있는 사례를 수집하고, 그 안에서 패턴이나 공통점을 발견하는 과정이 핵심이다. 귀납법은 실증적 데이터에 기반하므로 현실적 설득력이 높지만, 표본의 대표성 확보와 과도한 일반화 방지가 중요한 과제다. 데이터 기반 의사결정이 중요시되는 현대 비즈니스 환경에서 귀납적 추론은 점점 더 중요해지고 있다.

인과관계 분석은 원인과 결과의 연결성을 논리적으로 설명하는 접근법이다. 시간적 선후관계 확인, 상관관계와 인과관계의 구분, 대안 가설 검토, 메커니즘 설명 등이 중요한 요소다. 인과관계 분석을 통해 현상의 원인을 명확히 하고 미래 결과를 예측할 수 있지만, 과도한 단순화와 숨겨진 변수의 간과는 경계해야 한다.

효과적인 논증은 이러한 추론 방식을 상황과 목적에 맞게 적절히 조합하여 활용한다. 연역법의 체계성, 귀납법의 실증성, 인과관계 분석의 설명력이 조화를 이룰 때, 논증은 최대의 설득력을 발휘한다. 논리적 흐름이 명확한 논증은 청중의 이해와 동의를 얻는 가장 확실한 경로다.

(25) 연역법 활용하기:
연역적 추론(Deductive Reasoning)

연역법은 일반적인 원칙이나 전제로부터 구체적인 결론을 도출하는 논리적 추론 방법이다. 이는 보편적으로 인정되는 사실이나 원칙에서 시작하여 특정 상황에 적용하는 방식으로, 이를 효과적으로 활용하면 주장의 논리성과 설득력을 크게 높일 수 있다.

♦ 핵심 기법

연역적 추론(Deductive Reasoning)은 일반적인 원칙이나 전제로부터 구체적인 결론을 도출하는 논리적 추론 방법이다. 이 기법은 주장의 논리성과 설득력을 높이는 데 효과적이다. 주요 요소로는 명확한 전제 설정, 논리적 연결, 단계적 접근, 구체적 적용, 반례 고려 등이 있다. 연역적 추론 과정에는 일반 원칙 제시, 중간 단계의 논리 전개, 구체적 상황에의 적용, 결론 도출, 잠재적 반론 고려 등의 단계가 포함된다.

이 기법을 적용할 때는 전제의 타당성, 논리의 엄밀성, 과도한 일반화 주의, 예외 고려, 현실성 확보 등에 주의해야 한다. 효과적인 연역적 추론은 기업의 주장이나 결정에 대한 논리적 근거를 명확히 제시하고, 이해관계자들의 이해와 동의를 얻는 데 도움을 준다. 또한 복잡한 문제에 대한 체계적 접근을 통해 기업의 전문성과 신뢰성을 강화할 수 있다. 연역법을 활용하기 위한 주요 방법은 다음과 같다.

① 명확한 전제 설정: 일반적으로 받아들여지는 원칙이나 사실을 전제로 제시한다.
② 논리적 연결: 전제와 결론 사이의 논리적 연결을 명확히 한다.
③ 단계적 접근: 복잡한 주장의 경우, 여러 단계의 연역 과정을 거친다.
④ 구체적 적용: 일반 원칙을 특정 상황에 어떻게 적용할 수 있는지 설명한다.
⑤ 반례 고려: 가능한 반례를 미리 검토하고 대비한다.

◆   활용 예시

다음은 기업의 새로운 인사 정책 도입에 대해 연역법을 활용하는 예시다.

구분	내용
주장	A전자의 새로운 유연근무제 도입은 직원 만족도와 생산성을 높일 것입니다.

구분	내용
연역법 활용	**1. 일반 원칙 제시:** "일과 삶의 균형이 잘 잡힌 직원들은 더 높은 직무 만족도와 생산성을 보입니다. 이는 여러 연구를 통해 입증된 사실입니다. 예를 들어, K대학의 최근 연구에 따르면, 일—삶 균형이 좋은 직원들의 생산성이 평균 20% 더 높은 것으로 나타났습니다." **2. 중간 단계의 논리:** "유연근무제는 직원들에게 더 나은 일—삶 균형을 제공합니다. 유연근무제를 통해 직원들은 개인의 상황에 맞게 근무 시간과 장소를 조절할 수 있기 때문입니다. 실제로 L연구소의 조사에 따르면, 유연근무제를 도입한 기업의 직원들 중 75%가 일—삶 균형이 개선되었다고 응답했습니다." **3. 구체적 적용:** "따라서, A전자가 도입하는 유연근무제는 직원들의 일—삶 균형을 개선시킬 것입니다. 우리의 유연근무제는 주 40시간 근무를 기본으로 하되, 출퇴근 시간을 자유롭게 조절할 수 있고, 주 2일까지 재택근무가 가능하도록 설계되었습니다." **4. 결론 도출:** "이러한 유연근무제의 도입으로 A전자 직원들의 일—삶 균형이 개선될 것이고, 이는 앞서 언급한 일반 원칙에 따라 직원들의 만족도와 생산성 향상으로 이어질 것입니다. 우리는 이를 통해 1년 내에 직원 만족도 20% 상승, 생산성 15% 향상을 목표로 하고 있습니다." **5. 잠재적 반론 고려:** "물론 모든 직원에게 유연근무제가 동일한 효과를 가져오지는 않을 수 있습니다. 따라서 우리는 3개월간의 시범 운영을 통해 제도의 효과를 면밀히 관찰하고, 필요한 경우 개선 사항을 반영할 계획입니다."

이 예시에서는 일-삶 균형과 생산성의 관계에 대한 일반 원칙에서 시작하여, 유연근무제의 효과, A전자의 구체적인 정책, 그리고 예상되는 결과까지 논리적으로 연결하고 있다.

♦ 고려 사항

연역법 활용 시에는 시작점이 되는 일반 원칙이나 전제가 널리 인정되는 것인지 확인하여 전제의 타당성을 확보해야 한다. 각 단계의 논리적 연결이 타당한지 철저히 검토하는 논리의 엄밀성이 필수적이며, 특정 상황에 대한 결론을 지나치게 일반화하지 않도록 주의해야 한다. 일반 원칙에 대한 가능한 예외 사항을 인정하고 다루는 균형 잡힌 접근이 필요하며, 도출된 결론이 실제 상황에 적용 가능한지 검토하여 현실성을 확보해야 한다.

(26) 귀납법 활용하기: 귀납적 추론(Inductive Reasoning)

귀납법은 개별적인 사례나 관찰로부터 일반적인 결론을 도출하는 추론 방식이다. 이는 구체적인 데이터나 경험을 바탕으로 broader patterns or conclusions를 형성하는 방법으로, 이를 효과적으로 활용하면 설득력 있는 주장을 펼칠 수 있다.

◆   핵심 기법

귀납적 추론(Inductive Reasoning)은 개별적인 사례나 관찰로부터 일반적인 결론을 도출하는 논리적 추론 방법이다. 이 기법은 구체적인 데이터나 경험을 바탕으로 보다 넓은 패턴이나 결론(broader patterns or conclusions)을 형성하는 데 효과적이다.

주요 요소로는 다양한 사례 수집, 패턴 식별, 통계적 분석, 일반화, 한계 인정 등이 있다. 귀납적 추론 과정에는 개별 사례 제시, 패턴 식별, 추가 데이터 분석, 일반화, 향후 전략 제시, 한계 인정 등의 단계가 포함된다.

이 기법을 적용할 때는 표본의 대표성, 과도한 일반화 주의, 상관관계와 인과관계 구분, 예외 고려, 지속적인 검증 등에 주의해야 한다. 효과적인 귀납적 추론은 경험과 데이터에 기반한 의사결정을 가능하게 하며, 이해관계자들에게 구체적인 근거를 제시하여 설득력 있는 커뮤니케이션을 할 수 있게 한다. 귀납법을 활용하기 위한 주요 방법은 다음과 같다.

① 다양한 사례 수집: 충분히 많고 다양한 사례를 수집하여 편향을 최소화한다.
② 패턴 식별: 수집된 사례에서 반복되는 패턴이나 공통점을 찾아낸다.

③ 통계적 분석: 가능한 경우, 수집된 데이터에 대한 통계적 분석을 실시한다.

④ 일반화: 관찰된 패턴을 바탕으로 일반적인 결론을 도출한다.

⑤ 한계 인정: 귀납적 결론의 잠재적 한계나 예외 가능성을 인정한다.

♦ 활용 예시

다음은 기업의 신제품 개발 전략에 대해 귀납법을 활용하는 예시이다.

구분	내용
주장	A전자의 고객 참여형 제품 개발 전략은 시장 성공률을 높일 것입니다.
귀납법 활용	1. 개별 사례 제시: 　"지난 2년간 우리는 5개의 신제품을 출시했습니다. 이 중 3개 제품은 전통적인 방식으로 개발되었고, 2개 제품은 고객 참여형 방식으로 개발되었습니다. 　– 제품 X (전통적 방식): 출시 6개월 후 시장점유율 2% 　– 제품 Y (전통적 방식): 출시 6개월 후 시장점유율 3% 　– 제품 Z (전통적 방식): 출시 6개월 후 시장점유율 2.5% 　– 제품 A (고객 참여형): 출시 6개월 후 시장점유율 7% 　– 제품 B (고객 참여형): 출시 6개월 후 시장점유율 8%" 2. 패턴 식별: 　"고객 참여형으로 개발된 제품들이 전통적인 방식으로 개발된 제품들보다 평균적으로 더 높은 시장점유율을 보였습니다. 고객 참여형 제품의 평균 시장점유율은 7.5%로, 전통적 방식 제품의 평균 2.5%보다 3배 높았습니다."

구분	내용
귀납법 활용	3. 추가 데이터 분석: "우리는 이러한 패턴이 우연인지 확인하기 위해 업계 전반의 데이터를 분석했습니다. 시장조사기관 M사의 보고서에 따르면, 고객 참여형으로 개발된 제품들이 평균적으로 20% 더 높은 초기 구매율을 보이는 것으로 나타났습니다." 4. 일반화: "이러한 사례와 데이터를 종합해 볼 때, 고객 참여형 제품 개발 방식이 시장 성공률을 높이는 데 효과적이라는 결론을 내릴 수 있습니다. 고객의 직접적인 의견과 니즈를 반영함으로써, 시장의 요구에 더 잘 부합하는 제품을 만들 수 있기 때문입니다." 5. 향후 전략 제시: "따라서 A전자는 앞으로 모든 주력 제품의 개발 과정에 고객 참여 단계를 포함시킬 계획입니다. 구체적으로, 제품 기획 단계에서 고객 패널 운영, 프로토타입 테스트에 고객 참여, 출시 전 베타 테스터 프로그램 등을 실시할 것입니다." 6. 한계 인정: "물론 이러한 접근이 모든 제품이나 상황에서 항상 성공을 보장하는 것은 아닙니다. 제품의 특성, 목표 시장, 기술적 복잡성 등 다양한 요인에 따라 그 효과는 달라질 수 있습니다. 우리는 이러한 요인들을 고려하여 각 제품별로 최적화된 고객 참여 전략을 수립할 것입니다."

이 예시에서는 개별적인 제품 사례와 업계 데이터를 바탕으로 고객 참여형 제품 개발의 효과성에 대한 일반적인 결론을 도출하고 있다.

귀납법 활용에서는 충분히 다양하고 대표성 있는 사례를 수집하는 것이 핵심이다. 제한된 사례에서 과도하게 광범위한 결론을 도출하는 실수를 피해야 하며, 관찰된 패턴이 반드시 인과관계를 의미하지 않는다는 점을 명심해야 한다. 결론에 부합하지 않는 예외 사례들도 정직하게 검토하고, 도출된 결론을 새로운 데이터로 지속해서 검증하는 과정이 필요하다.

(27) 인과관계 논증 구성하기:
인과관계 분석(Causal Analysis)

인과관계 논증은 한 사건이나 현상이 다른 사건이나 현상의 원인이 됨을 논리적으로 설명하는 방법이다. 이를 효과적으로 활용하면, 기업의 결정이나 전략이 어떤 결과를 가져올 것인지, 또는 특정 문제의 원인이 무엇인지를 설득력 있게 제시할 수 있다.

◆   핵심 기법

인과관계 분석(Causal Analysis)은 한 사건이나 현상이 다른 사건이나 현상의 원인이 됨을 논리적으로 설명하는 기법이다. 이 방법은 기업의 결정이나 전략이 어떤 결과를 가져올지, 또는 특정 문제의 원인이 무엇인지를 설득력 있게 제시하는 데 효과적이다. 주요 요소로는 시간적 선후관계 확인, 상관관계 입증, 다른 가능성 배제, 메커니즘 설명, 사례 제시 등이 있다. 인과관계 분석 과정에는 시간적 선후관계 확인, 상관관계 데이터 제시, 다른 가능성 검토 및 배제, 구체적 메커니즘 설명, 실제 사례 제시, 한계 및 리스크 인정 등의 단계가 포함된다.

이 기법을 적용할 때는 상관관계와 인과관계 구분, 충분한 증거 확보, 대안 설명 고려, 과도한 단순화 지양, 장기적 영향 고려 등에 주의해야 한다. 효과적인 인과관계 분석은 기업의 결정이나 행동의 결과를 논리적으로 설명하고, 이해관계자들의 지지와 협조를 얻는 데 도움을 준다. 인과관계 논증을 구성하기 위한 주요 방법은 다음과 같다.

① 시간적 선후관계 확인: 원인이 결과보다 시간상으로 선행함을 보여준다.
② 상관관계 입증: 원인과 결과 사이의 연관성을 데이터로 뒷받침한다.
③ 다른 가능성 배제: 결과에 영향을 줄 수 있는 다른 요인들을 검토하고 배제한다.
④ 메커니즘 설명: 원인이 어떻게 결과를 초래하는지 그 과정을 설명한다.

⑤ 사례 제시: 유사한 인과관계가 작용한 구체적인 사례를 제
시한다.

♦ 활용 예시

다음은 기업의 디지털 전환 전략에 대해 인과관계 논증을 구성
하는 예시다.

구분	내용
주장	A전자의 전사적 디지털 전환 전략은 운영 효율성 증대와 매출 향상으로 이어질 것입니다.
인과관계 논증 구성	1. 시간적 선후관계 확인: "우리는 향후 3년간 단계적으로 디지털 전환을 실시할 계획입니다. 각 단계가 완료될 때마다 해당 부서의 효율성과 성과를 측정하여 그 영향을 추적할 것입니다." 2. 상관관계 입증: "글로벌 컨설팅 기업 P사의 연구에 따르면, 디지털 전환을 성공적으로 수행한 기업들은 평균적으로 운영 효율성이 30%, 매출이 20% 향상되었습니다. 특히 제조업 분야에서는 이 수치가 각각 35%와 25%로 더 높게 나타났습니다." 3. 다른 가능성 배제: "물론 효율성과 매출 향상에는 다양한 요인이 영향을 미칠 수 있습니다. 예를 들어, 시장 상황, 경쟁사의 전략, 거시경제적 요인 등이 있습니다. 그러나 우리는 이러한 외부 요인들을 통제변수로 설정하고, 디지털 전환의 순수한 효과만을 측정할 수 있는 내부 성과 지표를 개발했습니다." 4. 메커니즘 설명: "디지털 전환이 어떻게 효율성과 매출 향상으로 이어지는지 구체적으로 설명해 드리겠습니다.

구분	내용

인과관계
논증 구성
	a) 운영 효율성 증대:
	  – 생산 공정의 자동화와 AI 기반 최적화로 생산성이 20% 향상될 것입니다.
	  – 빅데이터 분석을 통한 재고 관리로 재고 비용이 15% 절감될 것입니다.
	  – 클라우드 기반 협업 툴 도입으로 의사결정 속도가 30% 빨라질 것입니다.
	
	b) 매출 향상:
	  – AI 기반 고객 분석으로 개인화된 마케팅이 가능해져 고객 전환율이 15% 증가할 것입니다.
	  – IoT 기술을 활용한 제품 모니터링으로 사후 서비스 품질이 개선되어 고객 만족도와 재구매율이 10% 상승할 것입니다.
	  – 디지털 플랫폼을 통한 신규 비즈니스 모델 창출로 새로운 수익원이 확보될 것입니다."

5. 사례 제시:

  "실제로 우리 회사의 B사업부에서 작년에 시범적으로 디지털 전환을 실시한 결과, 6개월 만에 생산성이 25% 향상되고 운영 비용이 18% 절감되었습니다. 또한 동종 업계의 선도 기업 C사는 전사적 디지털 전환 후 2년간 매출이 연평균 15% 성장했다고 발표한 바 있습니다."

6. 한계 및 리스크 인정:

  "다만, 디지털 전환이 항상 즉각적이고 균일한 효과를 가져오는 것은 아닙니다. 초기 투자 비용, 조직 문화의 변화, 직원들의 적응 기간 등으로 인해 단기적으로는 비용이 증가하고 효율성이 일시적으로 저하될 수 있습니다. 그러나 장기적 관점에서 이러한 투자는 반드시 필요하며, 우리는 이러한 과도기를 관리하기 위한 세부 계획도 마련해 두었습니다."

  이 예시에서는 디지털 전환과 기업 성과 향상 사이의 인과관계를 시간적 선후관계, 상관관계 데이터, 구체적인 메커니즘 설명,

실제 사례 등을 통해 논리적으로 구성하고 있다.

◆ 고려 사항

인과관계 논증 구성은 두 현상 간의 단순한 상관관계를 인과관계로 오인하지 않는 명확한 구분에서 출발한다. 인과적 주장을 뒷받침하기 위해서는 강력하고 다양한 증거 기반이 필수적이며, 동일 결과를 야기할 수 있는 대안적 설명들도 철저히 검토해야 한다. 복잡한 비즈니스 현상을 지나치게 단순화된 인과 모델로 환원하는 함정을 피해야 하고, 일부 인과적 영향은 단기적으로 드러나지 않고 장기적 관점에서만 포착될 수 있음을 인식해야 한다.

제4장

논증 강화를 위한 표현 기법

1

유추와 비유 활용

유추와 비유는 복잡한 아이디어를 친숙한 개념에 연결하여 이해를 촉진하는 강력한 커뮤니케이션 도구다. 추상적 개념을 구체화하고, 전문적 지식을 대중화하며, 감정적 연결을 형성하는 데 탁월한 효과를 발휘한다. 특히 기술적으로 복잡한 제품이나 서비스를 설명할 때 유추와 비유는 필수적인 전략이 된다.

적절한 유추 선택은 효과적인 커뮤니케이션의 핵심이다. 청중의 배경지식과 경험을 고려하여 친숙한 대상을 선택하고, 원래 개념의 핵심 특성을 정확히 반영하는 유추를 찾아야 한다. 효과적인 유추는 간결하고 중립적이며, 상황과 맥락에 적합해야 한다. 클라우드 컴퓨팅을 전기 공급 시스템에 비유하거나, 면역 시스템을 국가의 방위 체계에 비유하는 것이 그 예다.

개념적 은유를 활용하면 복잡하거나 추상적인 개념을 일상적이고 친숙한 대상으로 설명할 수 있다. 친숙성, 유사성, 구체성, 단순화, 확장성을 고려한 비유는 어려운 개념도 쉽게 전달할 수 있게 한다. 효과적인 개념적 은유는 대상의 본질을 포착하고, 청중의 기억에 오래 남는다.

유추의 한계를 인식하는 것도 중요하다. 모든 유추는 본질적으로 불완전하며, 원래 개념의 일부 측면만 반영한다. 유추를 과도하게 확장하거나 문자 그대로 해석하면 오해를 불러일으킬 수 있다. 효과적인 커뮤니케이터는 유추의 한계를 명확히 인정하고, 필요시 여러 유추를 병행하거나 전문적 설명을 보완한다.

유추와 비유는 과학적인 동시에 예술적인 도구다. 적절한 유추를 선택하고, 개념적 은유를 통해 복잡한 개념을 명확히 전달하며, 유추의 한계를 인식할 때, 메시지는 최대의 명확성과 설득력이 있다. 이는 특히 기술 기업의 리더, 교육자, 정책 입안자에게 중요한 커뮤니케이션 역량이다.

(28) 적절한 유추 선택하기:
효과적 유추(Effective Analogy)

유추는 복잡하거나 낯선 개념을 친숙한 것에 비유하여 설명하는 방법으로, 효과적인 커뮤니케이션 도구이다. 이를 잘 활용하면 어려운 내용을 쉽게 전달하고 청중의 이해를 돕는 데 큰 도움이 된다.

◆ 핵심 기법

효과적 유추(Effective Analogy)는 복잡하거나 낯선 개념을 친숙한 것에 비유하여 설명하는 기법이다. 이 방법은 어려운 내용을 쉽게 전달하고 청중의 이해를 돕는 데 효과적이다. 주요 요소로는 청중 분석, 정확성, 간결성, 중립성, 적절성 등이 있다. 효과적 유추 과정에는 청중의 배경을 고려한 친숙한 대상 선택, 원래 개념의 핵심 특성 반영, 간단명료한 설명, 감정적 편향 배제, 상황과 맥락에 적합한 유추 사용 등의 단계가 포함된다.

이 기법을 적용할 때는 과도한 단순화 주의, 문화적 차이 고려, 부정적 연상 주의, 정확성 검증, 일관성 유지 등에 주의해야 한다. 효과적 유추는 복잡한 개념을 쉽게 전달하고, 청중의 이해와 기억을 돕는 데 성공적으로 활용될 수 있으며, 신제품 소개, 기술 설명,

전략 발표, 위기 대응 등 다양한 상황에서 유용하다. 적절한 유추를 선택하기 위한 주요 방법은 다음과 같다.

① 청중 분석: 청중의 배경지식과 경험을 고려하여 친숙한 대상을 선택한다.

② 정확성: 원래 개념의 핵심 특성을 잘 반영하는 유추를 선택한다.

③ 간결성: 복잡하지 않고 이해하기 쉬운 유추를 사용한다.

④ 중립성: 감정적으로 편향되지 않은 중립적인 유추를 선택한다.

⑤ 적절성: 상황과 맥락에 적합한 유추를 사용한다.

활용 예시

다음은 기업의 새로운 데이터 보안 시스템 소개에 유추를 활용하는 예시다.

구분	내용
상황	A전자가 새로운 다층 데이터 보안 시스템을 소개하려 합니다.
유추 활용	"오늘 우리 A전자의 새로운 데이터 보안 시스템 'DataFortress'를 소개해 드리겠습니다. 이 시스템의 작동 원리를 쉽게 이해하시도록 중세 성곽에 비유해 설명해 드리겠습니다. 1. 외벽 (방화벽): 　　중세 성곽의 높고 견고한 외벽처럼, 우리의 방화벽은 외부로부터의 무단 접근을 차단합니다. 이는 해커들의 1차 공격을 막아내는 역할을 합니다.

구분	내용
유추 활용	2. 해자 (네트워크 분리): 성곽 주변의 깊은 해자처럼, 우리는 중요 데이터 네트워크를 물리적으로 분리했습니다. 외부 침입자가 한 네트워크에 접근하더라도 다른 네트워크로의 이동을 어렵게 만듭니다. 3. 경비병 (인공지능 모니터링): 성곽의 경비병들이 24시간 감시하듯, 우리의 AI 시스템은 끊임없이 네트워크 활동을 모니터링합니다. 이상 행동을 즉시 탐지하고 대응합니다. 4. 성문 (다중 인증): 성곽의 여러 겹의 성문처럼, 우리 시스템은 다중 인증 절차를 요구합니다. 비밀번호뿐만 아니라 생체인식, 물리적 토큰 등 여러 단계의 확인 과정을 거쳐야 데이터에 접근할 수 있습니다. 5. 비밀 통로 (암호화): 성곽의 비밀 통로처럼, 모든 데이터는 강력한 암호화를 통해 보호됩니다. 설사 데이터가 유출되더라도 해독이 거의 불가능합니다. 6. 망루 (위협 인텔리전스): 성곽의 망루에서 멀리 적을 관찰하듯, 우리의 위협 인텔리전스 시스템은 새로운 보안 위협을 사전에 파악하고 대비합니다. 7. 훈련된 군대 (보안 전문가팀): 마지막으로, 가장 중요한 것은 사람입니다. 잘 훈련된 군대가 성곽을 지키듯, 우리의 전문 보안팀이 24시간 시스템을 관리하고 있습니다. 이처럼 'DataFortress'는 마치 견고한 중세 성곽과 같이 여러 층의 방어 체계를 갖추고 있습니다. 이를 통해 우리는 고객의 소중한 데이터를 안전하게 보호할 수 있습니다."

이 예시에서는 중세 성곽이라는 대중에게 익숙한 개념을 활용해 복잡한 데이터 보안 원리를 이해하기 쉽게 전달했다. 데이터 보안 시스템의 각 구성요소를 성곽의 방어 체계 요소들과 정확히 대응시켜 개념적 명확성을 확보했으며, 불필요한 설명 없이 핵심 유추를 간결하게 제시했다.

♦ 고려 사항

적절한 유추 선택 시에는 원래 개념의 핵심 요소를 보존하면서도 불필요한 복잡성을 줄이는 균형이 중요하다. 과도한 단순화는 피하고, 글로벌 커뮤니케이션에서는 문화적 중립성을 갖춘 유추를 선택해야 한다. 의도치 않은 부정적 이미지를 연상시킬 수 있는 유추는 메시지의 효과를 저해할 수 있으므로 신중히 검토해야 한다. 또한 전문가 검증을 통해 유추의 정확성을 확보하고, 한 메시지 내에서 여러 유추를 사용할 경우 논리적 일관성을 유지하는 것이 필수적이다.

(29) 비유를 통한 복잡한 개념 설명: 개념적 은유(Conceptual Metaphor)

비유는 복잡하거나 추상적인 개념을 일상적이고 친숙한 대상에 빗대어 설명하는 기법이다. 이를 효과적으로 활용하면, 어려운 기술이나 복잡한 전략을 대중이 쉽게 이해할 수 있도록 만들 수 있다.

♦   핵심 기법

개념적 은유(Conceptual Metaphor)는 복잡하거나 추상적인 개념을 일상적이고 친숙한 대상에 빗대어 설명하는 기법이다. 이 방법은 어려운 기술이나 복잡한 전략을 대중이 쉽게 이해할 수 있도록 만드는 데 효과적이다. 주요 요소로는 친숙성, 유사성, 구체성, 단순화, 확장성 등이 있다. 개념적 은유 과정에는 일상적인 대상 선택, 유사한 특성을 가진 대상 선정, 추상적 개념의 구체화, 핵심 원리 중심의 단순화, 세부 개념까지 설명이 가능한 확장 등의 단계가 포함된다.

이 기법을 적용할 때는 과도한 확장 주의, 정확성 유지, 대상 선정 주의, 문화적 고려, 한계 인정 등에 주의해야 한다. 효과적인 개념적 은유는 복잡한 아이디어를 쉽게 전달하고 대중의 이해와 관심을 높이는 데 도움을 주며, 신기술 소개, 전략 발표, 금융 상품 설명 등 다양한 상황에서 유용하게 활용될 수 있다. 비유를 통해 복잡한 개념을 설명하기 위한 주요 방법은 다음과 같다.

① 친숙성: 대부분의 사람들이 알고 있는 일상적인 대상을 선택한다.

② 유사성: 설명하고자 하는 개념과 실제로 유사한 특성을 가진 대상을 고른다.

③ 구체성: 추상적인 개념을 구체적인 이미지로 변환한다.

④ 단순화: 복잡한 세부 사항은 생략하고 핵심 원리만 전달한다.

⑤ 확장성: 필요에 따라 비유를 확장하여 세부 개념까지 설명할 수 있도록 한다.

♦ 활용 예시

다음은 기업의 새로운 AI 기반 고객 서비스 시스템을 설명하는 예시다.

구분	내용
상황	A전자가 새로운 AI 기반 고객 서비스 시스템 'AI Concierge'를 소개하려 합니다.
비유를 활용한 설명	"오늘 소개해 드릴 'AI Concierge'는 마치 호텔의 최고급 컨시어지 서비스와 같습니다. 이 시스템이 어떻게 작동하는지, 호텔 컨시어지에 비유해 설명해 드리겠습니다. 1. 24/7 대기 (상시 가용성): 　고급 호텔의 컨시어지가 24시간 로비에서 대기하듯, 우리의 AI 시스템은 언제나 고객의 요청을 기다리고 있습니다. 한밤중이라도, 주말이라도 즉시 응답합니다. 2. 개인화된 인사 (고객 인식): 　훌륭한 컨시어지가 고객의 이름과 선호도를 기억하듯, AI Concierge는 고객의 과거 이용 내역과 선호도를 분석하여 개인화된 서비스를 제공합니다.

구분	내용
비유를 활용한 설명	3. 다국어 능력 (언어 처리): 국제적인 호텔의 컨시어지가 여러 언어를 구사하듯, 우리의 AI는 100개 이상의 언어로 고객과 소통할 수 있습니다. 4. 광범위한 지식 (데이터베이스): 숙련된 컨시어지가 호텔 주변의 모든 정보를 알고 있듯, AI Concierge는 방대한 제품 정보, FAQ, 사용 설명서 등을 즉시 참조할 수 있습니다. 5. 신속한 문제 해결 (실시간 처리): 컨시어지가 고객의 요구 사항을 신속히 처리하듯, AI 시스템은 밀리초 단위로 고객의 질문을 분석하고 최적의 답변을 제공합니다. 6. 전문가 연결 (에스컬레이션): 컨시어지가 특별한 요청에 대해 전문 부서와 연결해 주듯, AI Concierge도 복잡한 문의 사항은 적절한 전문가에게 실시간으로 연결합니다. 7. 학습과 개선 (기계학습): 숙련된 컨시어지가 경험을 통해 계속 성장하듯, 우리의 AI 시스템도 매 상호작용을 통해 학습하고 서비스 품질을 개선합니다. 8. 고객 취향 예측 (예측 분석): 뛰어난 컨시어지가 고객의 취향을 미리 파악하여 제안하듯, AI Concierge는 고객의 행동 패턴을 분석하여 필요할 법한 서비스를 선제적으로 제안합니다. 이처럼 AI Concierge는 최고급 호텔의 컨시어지처럼 개인화되고, 전문적이며, 항상 준비된 서비스를 제공합니다. 하지만 실제 사람과 달리, 이 AI는 피곤해하지 않고, 실수하지 않으며, 모든 고객에게 동시에 최상의 서비스를 제공할 수 있습니다. 이 시스템을 통해 우리는 고객 만족도를 크게 향상시키고, 응답 시간을 90% 단축하며, 해결률을 40% 높일 수 있을 것으로 기대합니다."

이 예시에서는 AI 시스템의 복잡한 기능을 대중에게 친숙한 호텔 컨시어지 개념에 연결시켜 이해도를 높이는 접근법이 활용되었다. AI 시스템의 다양한 기능들을 컨시어지가 제공하는 구체적인 서비스와 명확하게 대응시켜 개념적 유사성을 확보했으며, 추상적이고 기술적인 AI 개념을 일상적인 서비스 상황으로 전환해 구체성을 더했다.

♦ 고려 사항

비유를 통한 복잡한 개념 설명은 효과적이지만, 비유의 확장에 주의해야 한다. 비유를 지나치게 확장하면 원래 설명하려던 개념이 오히려 모호해지거나 오해를 불러일으킬 수 있다. 비유가 원래 개념의 핵심 요소와 원리를 정확히 반영하는지 지속해서 검증해야 하며, 정치적, 종교적 논란이 있는 대상은 비유 소재로 피하는 것이 현명하다.

글로벌 환경에서는 특정 문화권에서만 이해되는 비유보다 보편적으로 이해될 수 있는 비유를 선택하는 것이 중요하다. 또한 모든 비유는 한계가 있으므로, 특히 전문적 맥락에서는 비유의 한계를 명확히 언급하여 정확한 이해를 돕는 것이 필요하다.

(30) 유추의 한계 인식하기:
유추의 한계 이해(Understanding Analogy Limitations)

유추는 복잡한 개념을 설명하는 데 강력한 도구이지만, 동시에 한계와 위험성도 가지고 있다. 유추의 한계를 명확히 인식하고 이를 적절히 다룰 때, 더욱더 효과적이고 책임 있는 커뮤니케이션을 할 수 있다.

◆ 핵심 기법

유추의 한계 이해(Understanding Analogy Limitations)는 복잡한 개념을 설명하기 위해 사용된 유추의 불완전성과 잠재적 오해의 가능성을 인식하고 다루는 기법이다. 이 방법은 더욱더 효과적이고 책임 있는 커뮤니케이션을 가능하게 한다. 주요 요소로는 불완전성 인정, 차이점 명시, 적용 범위 한정, 다중 유추 활용, 전문적 설명 병행 등이 있다. 유추의 한계 이해 과정에는 유추의 불완전성 인정, 유추 대상과 실제 개념 간의 주요 차이점 설명, 유추의 적용 범위 명확화, 여러 유추의 병행 사용, 정확한 전문적 설명 제공 등의 단계가 포함된다.

이 기법을 적용할 때는 균형 유지, 명확성 유지, 대안 제시, 청중 고려, 정직성 유지 등에 주의해야 한다. 효과적인 유추의 한계 이해는 더욱 정확하고 책임 있는 커뮤니케이션을 가능하게 하며, 복잡한 기술 설명, 신제품 소개, 전략 발표 등 다양한 상황에서 청중의 신뢰를 얻는 데 도움을 준다. 유추의 한계를 인식하고 다루기 위한 주요 방법은 다음과 같다.

① 불완전성 인정: 모든 유추는 완벽할 수 없음을 인정한다.
② 차이점 명시: 유추 대상과 실제 개념 간의 주요 차이점을 설명한다.
③ 적용 범위 한정: 유추가 적용되는 범위를 명확히 한다.
④ 다중 유추 활용: 필요시 여러 유추를 사용하여 다각도로 설명한다.
⑤ 전문적 설명 병행: 유추와 함께 정확한 전문적 설명을 제공한다.

♦   활용 예시

다음은 기업의 블록체인 기술 도입을 설명하면서 유추의 한계를 인식하고 다루는 예시다.

구분	내용
상황	A전자가 새로운 블록체인 기반 공급망 관리 시스템을 도입하려 합니다.

유추를 활용한 설명과 한계 인식	"우리 A전자가 도입하는 블록체인 기반 공급망 관리 시스템을 설명해 드리기 위해, 우선 '디지털 레고 블록'에 비유해 보겠습니다.
	
	1. 기본 개념 (레고 블록):
	   블록체인의 각 '블록'은 마치 레고 블록과 같습니다. 각 블록에는 중요한 정보가 담겨 있고, 이 블록들이 연결되어 하나의 chain을 형성합니다.
	
	2. 연결성 (블록 결합):
	   레고 블록이 서로 맞물려 견고하게 연결되듯, 블록체인의 각 블록도 암호화 기술로 단단히 연결됩니다.
	
	3. 변경 불가능성 (고정된 구조):
	   레고 작품이 완성되면 개별 블록을 쉽게 뺄 수 없듯, 블록체인에 기록된 정보도 임의로 수정하거나 삭제할 수 없습니다.
	
	4. 투명성 (투명한 블록):
	   투명한 레고 블록처럼, 블록체인의 모든 거래 내역은 참여자들에게 투명하게 공개됩니다.
	
	그러나 이 '디지털 레고' 유추는 블록체인의 일부 특성만을 설명하며, 중요한 한계가 있습니다.
	
	1. 복잡성의 단순화:
	   실제 블록체인은 레고보다 훨씬 복잡합니다. 암호화, 합의 메커니즘, 분산 네트워크 등 고급 기술이 포함되어 있습니다.
	
	2. 물리적 vs 디지털:
	   레고는 물리적 객체이지만, 블록체인은 완전히 디지털인 시스템입니다. 이로 인해 보안, 확장성 등에서 큰 차이가 있습니다.

구분	내용
유추를 활용한 설명 과 한계 인식	3. 중앙화 vs 탈중앙화: 레고 구조물은 보통 한 사람이 조작하지만, 블록체인은 분산된 네트워크에서 여러 참여자가 공동으로 관리합니다. 4. 정적 vs 동적: 레고 구조물은 정적이지만, 블록체인은 지속해서 새로운 블록이 추가되는 동적 시스템입니다. 이러한 한계를 보완하기 위해, 우리는 블록체인을 '디지털 공공 장부'로도 설명할 수 있습니다. 이 유추는 정보의 기록과 공유 측면을 더 잘 설명하지만, 기술적 특성을 충분히 표현하지는 못합니다. 따라서 우리의 블록체인 기반 공급망 관리 시스템을 정확히 이해하기 위해서는, 이러한 유추들과 함께 실제 기술적 세부 사항도 함께 고려해야 합니다. 우리 시스템은 SHA-256 암호화 알고리즘, 분산 원장 기술, 스마트 계약 등을 활용하여 데이터의 무결성, 추적가능성, 보안성을 보장합니다. 이 시스템을 통해 우리는 공급망의 모든 단계를 실시간으로 추적하고, 거래의 투명성을 높이며, 문제 발생 시 신속하게 대응할 수 있을 것입니다. 하지만 동시에 초기 구축 비용, 참여자들의 적응 기간, 법적 규제 대응 등의 과제도 있다는 점을 인식하고 있습니다."

이 예시에서는 유추가 블록체인의 일부 특성만 설명한다는 불완전성을 명확히 인정하고, 레고와 실제 블록체인 시스템 간의 핵심 차이점을 구체적으로 제시했다. 설명 과정에서 유추 적용 범위를 기본 구조와 특성 설명으로 제한했으며, '디지털 레고'와 '디지털 공공 장부'라는 복수의 유추를 전략적으로 활용했다. 이와 함

께 기술적 세부 사항과 시스템의 장단점에 대한 전문적 설명을 병행함으로써 유추의 한계를 보완했다.

♦   고려 사항

유추의 한계를 다룰 때는 전략적 균형이 필수적이다. 한계를 명확히 인식하되 유추의 본질적 가치를 훼손하지 않는 접근이 효과적이다. 한계를 설명할 때도 복잡성을 배제한 명료한 언어를 사용해야 하며, 한계 지적과 함께 보완적 설명이나 대체 유추를 제시하는 것이 바람직하다. 청중의 전문성과 배경지식에 따라 한계 설명의 깊이를 조정하고, 유추의 결함을 투명하게 인정하는 정직한 태도가 중요하다.

명확성과 간결성 확보 기법

논증의 효과를 결정하는 것은 내용의 질과 함께 표현의 명확성이다. 복잡한 내용을 간결하게 전달할 수 있는 능력은 설득력 있는 커뮤니케이션의 핵심이다. 명확성과 간결성을 확보하는 기법은 메시지의 전달력을 높이고 청중의 이해를 돕는 세 가지 핵심 전략으로 구성된다.

불필요한 수식어 제거는 메시지의 명확성을 높인다. 과장된 형용사, 중복된 부사, 모호한 표현은 핵심 메시지를 희석시킨다. "매우 혁신적이고 획기적인 제품"보다 "혁신적 제품"이 더 강력하다. 핵심 내용을 파악하고 중복 표현을 제거하며 구체적 사실과 수치로 대체하는 접근이 필요하다.

문장 구조 단순화는 이해도를 높인다. 한 문장에 하나의 아이디어를 담고, 주어와 동사를 가깝게 배치하며, 능동태를 사용한다. 복잡한 문장은 여러 개의 짧은 문장으로 나누고, 불필요한 부사구는 제거한다. "당사가 오랜 기간 연구개발한 결과물인 동시에 혁신적 기술의 집약체인 신제품은 기존 제품과 차별화된다"보다 "우리는 신제품을 출시한다. 이 제품은 오랜 연구의 결과물이다. 혁신적 기술을 집약했다. 기존 제품과 차별화된다"가 더 명확하다.

핵심 메시지 강조는 청중의 기억에 남는 커뮤니케이션을 가능하게 한다. 전략적 반복, 위치 선정, 시각적 강조, 비유와 예시, 수치화 등을 통해 핵심을 부각시킨다. 메시지의 시작과 끝에 핵심 내용을 배치하고, 중요 정보는 구체적 수치로 제시하며, 시각적 요소를 활용해 주의를 집중시킨다.

이 세 가지 기법은 상호보완적이다. 불필요한 수식어를 제거하고, 문장 구조를 단순화하며, 핵심 메시지를 강조함으로써 복잡한 내용도 명확하고 간결하게 전달할 수 있다. 효과적인 논증은 말하고자 하는 바를 정확히 전달하는 것에서 시작한다.

(31) 불필요한 수식어 제거:
간결한 표현(Concise Expression)

불필요한 수식어를 제거하는 것은 메시지의 명확성과 간결성을 높이는 중요한 기술이다. 이를 효과적으로 활용하면, 핵심 메시지를 더욱 강력하게 전달할 수 있다.

♦ 핵심 기법

간결한 표현(Concise Expression)은 불필요한 수식어와 중복 표현을 제거하여 메시지의 명확성과 간결성을 높이는 기법이다. 이 방법은 핵심 메시지를 더욱 강력하게 전달하는 데 효과적이다. 주요 요소로는 핵심 메시지 파악, 중복 표현 제거, 과장된 표현 피하기, 구체적 표현 사용, 능동태 사용 등이 있다. 간결한 표현 과정에는 과장된 수식어 제거, 중복 표현 간소화, 구체성 강화, 문장 구조 간소화, 핵심 메시지 강조 등의 단계가 포함된다.

이 기법을 적용할 때는 의미 유지, 톤 유지, 필요한 강조 유지, 문맥 고려, 일관성 유지 등에 주의해야 한다. 효과적인 간결한 표현은 더욱 명확하고 신뢰성 있는 메시지 전달을 가능하게 하며, 핵심 내용에 대한 청중의 집중도를 높인다. 이는 보도자료, 연설문, 사내 공지, 고객 대상 메시지 등 다양한 기업 커뮤니케이션에 적용될 수 있다. 불필요한 수식어를 제거하기 위한 주요 방법은 다음과 같다.

① 핵심 메시지 파악: 전달하고자 하는 핵심 내용을 명확히 한다.
② 중복 표현 제거: 같은 의미를 반복하는 표현을 줄인다.
③ 과장된 표현 피하기: 과도한 강조나 과장을 피한다.
④ 구체적 표현 사용: 추상적인 수식어 대신 구체적인 사실이나 수치를 제시한다.
⑤ 능동태 사용: 수동태 대신 능동태를 사용하여 문장을 간결하게 만든다.

♦ 활용 예시

다음은 기업의 실적 발표문에서 불필요한 수식어를 제거하는 예시이다.

구분	내용
수정 전	우리 A전자는 지난해 매우 어려운 경영 환경 속에서도 전 임직원이 한마음 한뜻으로 열심히 노력한 결과, 놀랍게도 예상을 훨씬 뛰어넘는 경이로운 실적을 달성하였습니다. 특히 혁신적이고 획기적인 신제품 출시와 과감하고 진취적인 해외 시장 공략으로 글로벌 시장에서 놀라운 성과를 이뤄냈습니다. 이는 우리 회사의 뛰어난 기술력과 철저한 품질 관리, 그리고 고객 중심의 경영 철학이 완벽하게 결실을 맺은 결과라고 자부합니다.

구분	내용
수정 후	A전자는 지난해 어려운 경영 환경에서도 임직원의 노력으로 예상을 넘는 실적을 달성했습니다. 신제품 출시와 해외 시장 공략으로 글로벌 시장에서 성과를 이뤘습니다. 이는 우리의 기술력, 품질 관리, 고객 중심 경영이 결실을 맺은 결과입니다.

수정 과정에서 다양한 간결성 확보 전략이 적용되었다. 우선 "매우", "놀랍게도", "훨씬" 등의 과장된 수식어를 체계적으로 제거하여 객관성을 강화했다. "한마음 한뜻으로 열심히", "혁신적이고 획기적인" 같은 의미 중복 표현을 간소화해 불필요한 강조를 줄였다. "예상을 넘는 실적"과 같이 구체적인 표현을 도입하여 명확성을 높였으며, 복잡한 문장을 분리하여 이해도를 개선했다. 이러한 과정을 통해 부가적 수식을 제거하고 핵심 성과와 원인에 집중함으로써 메시지의 전달력을 강화했다.

◆ 고려 사항

불필요한 수식어 제거 시 핵심 고려 사항을 명확히 식별할 수 있다. 원문의 본질적 의미를 보존하는 것이 가장 중요하며, 기업 고유의 커뮤니케이션 스타일과 톤을 완전히 훼손하지 않는 균형이 필요하다. 진정으로 중요한 요소에 대한 강조는 전략적으로 유지하고, 개별 문장이 아닌 전체 문맥을 고려한 수정 접근법이 효과적이다. 또한 문서 전반에 걸쳐 일관된 편집 기준을 적용하는 것이 전문성을 높인다.

(32) 문장 구조 단순화: 명확한 문장 구조(Clear Sentence Structure)

문장 구조를 단순화하는 것은 메시지의 명확성과 이해도를 높이는 중요한 기술이다. 이를 효과적으로 활용하면, 복잡한 정보도 쉽게 전달할 수 있다.

♦ 핵심 기법

명확한 문장 구조(Clear Sentence Structure)는 복잡한 문장을 간결하고 이해하기 쉬운 형태로 재구성하는 기법이다. 이 방법은 메시지의 명확성과 이해도를 높이는 데 효과적이다. 주요 요소로는 한 문장에 한 가지 아이디어 담기, 주어와 동사 근접 배치, 능동태 사용, 불필요한 부사구 제거, 직접적인 표현 사용 등이 있다. 명확한 문장 구조 과정에는 복합 문장을 여러 개의 짧은 문장으로 나누기, 주어와 동사를 가깝게 배치하기, 능동태로 전환하기, 불필요한 부사구 제거하기, 우회적 표현을 직접적 표현으로 바꾸기 등의 단계가 포함된다.

이 기법을 적용할 때는 의미 보존, 논리적 흐름 유지, 어조 일관성, 과도한 단순화 주의, 대상 독자 고려 등에 주의해야 한다. 효과적인 명확한 문장 구조는 복잡한 정보를 더욱더 효과적으로 전달하고, 메시지의 이해도와 수용도를 높인다. 이는 보도자료, 연설문, 제품 설명서, 투자자 대상 발표 등 다양한 기업 커뮤니케이션에 적용될 수 있다. 문장 구조를 단순화하기 위한 주요 방법은 다음과 같다.

① 한 문장에 한 가지 아이디어: 복합적인 내용은 여러 문장으로 나눈다.
② 주어와 동사 근접: 주어와 동사를 가까이 배치하여 문장의 핵심을 명확히 한다.
③ 능동태 사용: 가능한 한 수동태 대신 능동태를 사용한다.
④ 불필요한 부사구 제거: 문장의 의미를 변화시키지 않는 부사구는 제거한다.
⑤ 직접적인 표현 사용: 우회적인 표현 대신 직접적인 표현을 사용한다.

◆ 활용 예시

다음은 기업의 신제품 출시 발표문에서 문장 구조를 단순화하는 예시이다.

구분	내용
수정 전	당사가 오랜 기간 동안 연구개발에 매진해 온 결과물인 동시에 혁신적인 기술의 집약체라고 할 수 있는 신제품 'X-2000'은, 사용자의 편의성을 극대화하면서도 에너지 효율성을 획기적으로 개선했다는 점에서 기존 제품들과는 차별화되는 특징을 가지고 있으며, 이는 곧 시장에서 큰 반향을 일으킬 것으로 기대되고 있습니다.
수정 후	우리는 신제품 'X-2000'을 출시합니다. 이 제품은 오랜 연구개발의 결과물입니다. X-2000은 혁신적 기술을 집약했습니다. 사용자 편의성을 극대화했고 에너지 효율성을 크게 개선했습니다. 이러한 특징으로 기존 제품과 차별화됩니다. 우리는 X-2000이 시장에서 큰 반향을 일으킬 것으로 기대합니다.

문장 구조 단순화를 위한 체계적인 수정 전략이 적용되었다. 복합적 정보를 담은 긴 문장을 '한 문장에 한 아이디어' 원칙에 따라 간결한 단위로 분리했다. 주어와 동사 간 거리를 최소화하여 "우리는 출시합니다", "X-2000은 집약했습니다"와 같이 직접적인 구조를 구현했다.

"출시합니다", "집약했습니다", "극대화했고", "개선했습니다" 등 능동태 표현을 일관되게 사용하여 메시지의 명확성과 직접성을 강화했다. "동시에", "~는 점에서" 등 메시지 전달에 불필요한 부사구를 제거했으며, "기대되고 있습니다"를 "기대합니다"로 변경하는 등 더 직접적인 표현 방식을 채택했다.

♦ 고려 사항

문장 구조 단순화 시 몇 가지 핵심 균형점을 고려해야 한다. 단순화 과정에서 원문의 본질적 의미를 정확히 보존하는 것이 최우선이며, 문장을 분리해도 전체 논리 구조와 연결성을 유지해야 한다. 기업의 커뮤니케이션 특성과 일관된 어조를 지키면서도, 지나치게 단조로운 짧은 문장 나열은 피해 텍스트의 리듬감을 보존해야 한다. 또한 메시지의 최종 수신자 특성을 고려해 적절한 복잡성 수준을 설정하는 것이 중요하다.

(33) 핵심 메시지 강조하기: 핵심 강조(Emphasizing Key Points)

핵심 메시지를 강조하는 것은 효과적인 커뮤니케이션의 핵심이다. 이를 효과적으로 활용하면 복잡한 정보 속에서도 가장 중요한 내용을 청중에게 명확히 전달할 수 있다.

♦ 핵심 기법

핵심 강조(Emphasizing Key Points)는 복잡한 정보 속에서 가장 중요한 내용을 청중에게 명확히 전달하는 기법이다. 이 방법은 효과적인 커뮤니케이션의 핵심 요소이다. 주요 요소로는 반복, 전략적 위치 선정, 시각적 강조, 비유와 예시 활용, 숫자 활용 등이 있다.

핵심 강조 과정에는 핵심 메시지의 적절한 반복, 전략적 위치(도입부, 결론부 등)에 배치, 시각적 요소 활용, 구체적 비유와 예시 제시, 핵심 내용의 수치화 등의 단계가 포함된다.

이 기법을 적용할 때는 과도한 강조 주의, 일관성 유지, 명확성 확보, 진실성 유지, 맥락 고려 등에 주의해야 한다. 효과적인 핵심 강조는 복잡한 정보 속에서도 가장 중요한 메시지를 효과적으로 전달하고, 청중의 기억에 오래 남도록 한다. 이는 연설, 보도자료, 연간 보고서, 제품 발표 등 다양한 기업 커뮤니케이션에 적용될 수 있다. 핵심 메시지를 강조하기 위한 주요 방법은 다음과 같다.

① 반복: 핵심 메시지를 적절히 반복한다.
② 위치 선정: 핵심 메시지를 전략적 위치(도입부, 결론부 등)에 배치한다.
③ 시각적 강조: 글씨체, 크기, 색상 등을 활용해 시각적으로 강조한다.
④ 비유와 예시: 핵심 메시지를 뒷받침하는 비유나 구체적 예시를 사용한다.
⑤ 숫자 활용: 가능한 경우 핵심 메시지를 수치화한다.

◆　활용 예시

다음은 기업의 연간 성과 보고에서 핵심 메시지를 강조하는 예시다.

구분	내용
제목	A전자, 지속 가능한 성장으로 미래를 선도하다.
도입부	A전자는 2023년, '지속 가능한 성장'이라는 목표 아래 혁신과 책임을 결합한 경영을 펼쳤습니다. 그 결과, 우리는 재무적 성과와 사회적 가치 창출 모두에서 괄목할 만한 성과를 이뤘습니다.
본문	1. 재무적 성과 　－ 매출 20% 증가, 영업이익 15% 상승 　－ "우리의 혁신은 수치로 증명되었습니다." 2. 기술 혁신 　－ 신제품 출시로 시장 점유율 5% 확대 　－ AI 기술 투자 50% 증액 　－ "지속 가능한 성장의 핵심은 끊임없는 혁신입니다." 3. 환경 책임 　－ 탄소 배출량 30% 감축 　－ 재생 에너지 사용률 60%로 확대 　－ "우리의 성장은 지구의 미래와 함께합니다." 4. 사회적 기여 　－ 청년 일자리 5,000개 창출 　－ 사회공헌 프로그램 참여 임직원 80% 달성 　－ "기업의 성장은 사회와 함께할 때 의미가 있습니다."
결론	A전자는 2023년, 지속 가능한 성장이라는 목표를 달성했습니다. 혁신을 통한 경제적 성과, 환경에 대한 책임, 그리고 사회와의 상생. 이 세 가지 축을 중심으로 우리는 앞으로도 미래를 선도해 나갈 것입니다.
마무리 문구	"A전자, 지속 가능한 혁신으로 더 나은 미래를 만들어갑니다."

핵심 메시지 강조를 위한 다층적 전략이 효과적으로 적용되었다. '지속 가능한 성장'이라는 핵심 개념을 도입부, 본문, 결론에 전략적으로 반복 배치하여 일관된 메시지를 강화했다. 제목, 도입부, 각 섹션 시작, 결론, 마무리 등 주목도가 높은 위치에 핵심 메시지를 의도적으로 배치하여 인지적 강조 효과를 창출했다.

발표 자료의 시각적 요소를 활용해 핵심 문구를 굵은 글씨나 차별화된 색상으로 시각적 주목도를 높였다. 각 섹션에서 구체적 성과 수치를 예시로 제시함으로써 추상적 개념을 실체화했으며, 매출 증가율과 탄소 감축량 같은 정량적 지표를 전략적으로 활용해 메시지의 객관성과 신뢰성을 강화했다.

◆ 고려 사항

핵심 메시지 강조 시 전략적 균형이 필수적이다. 모든 요소에 강조를 적용하면 결국 아무것도 강조되지 않는 역효과가 발생하므로 선택적 접근이 중요하다. 강조하는 내용은 전체 메시지의 맥락과 일관성을 유지해야 하며, 간결하고 명확한 표현으로 전달해야 한다. 과장이나 왜곡된 정보 강조는 신뢰도 훼손으로 이어지므로 정확성과 진실성을 우선시해야 한다. 또한 청중 특성과 커뮤니케이션 상황에 맞는 강조 방식을 선택하는 상황 인식이 필요하다.

감정적 호소 전략

논증은 논리만으로 완성되지 않는다. 인간의 의사결정에는 감정이 중요한 역할을 하며, 이를 활용한 감정적 호소 전략은 논증의 설득력을 크게 높인다. 효과적인 감정적 호소는 세 가지 핵심 기법을 통해 구현된다.

공감 형성은 청중과의 감정적 연결을 만드는 기술이다. 공감은 상대방의 감정과 상황을 이해하고 인정하는 것으로, 신뢰 구축의 기반이 된다. 개인적 경험 공유, 청중의 관점 고려, 감정 인정을 통해 공감을 표현한다. "고객 여러분의 불안과 실망을 충분히 이해합니다"라는 표현은 단순한 인정을 넘어 감정적 유대를 형성한다. 효과적인 공감은 진정성에 기반해야 하며, 형식적 공감은 오히려 신뢰를 손상시킨다.

스토리텔링은 정보를 이야기 형태로 전달하는 강력한 도구다. 이야기는 추상적 개념을 구체화하고 기억에 오래 남는다. 명확한 구조, 공감이 가능한 주인공, 갈등과 해결, 감정적 요소, 구체적 세부 사항이 효과적인 스토리텔링의 핵심 요소다. "우리 연구원이 어머니의 간병 경험에서 영감을 얻어 개발한 이 제품은…"과 같은 이야기는 제품의 필요성과 가치를 논리적 설명보다 강력하게 전달한다.

감정적 언어의 적절한 활용은 메시지의 영향력을 높인다. 감정을 직접 표현하는 단어와 문구는 청중의 감정적 반응을 유도한다. 상황에 맞는 감정적 언어 선택, 구체적 감정 묘사, 진정성 있는 표현이 중요하다. "우리는 가슴 아픈 마음으로 이 문제를 인식하고 있습니다"와 같은 표현은 기업의 인간적 측면을 보여준다. 다만 과도한 감정 표현은 신뢰성을 떨어뜨릴 수 있어 균형이 필요하다.

이 세 가지 기법은 상호 강화된다. 공감을 바탕으로 한 스토리텔링에 적절한 감정적 언어를 더하면 강력한 설득력이 생긴다. 감정적 호소는 논리적 논증과 대립하는 것이 아니라 보완하는 관계다. 가장 효과적인 논증은 로고스(논리)와 파토스(감정)를 균형 있게 활용한다. 감정을 무시한 메시지는 사람의 마음에 닿지 않고, 논리가 부족한 감정적 호소는 설득력을 잃는다.

(34) 공감 유발하기: 공감 형성(Building Empathy)

공감을 유발하는 것은 청중과 감정적 연결을 만들어내는 강력한 설득 기법이다. 이를 효과적으로 활용하면, 메시지의 영향력을 높이고 청중의 지지를 얻을 수 있다.

◆ 핵심 기법

공감 형성(Building Empathy)은 청중과 감정적 연결을 만들어내어 메시지의 영향력을 높이고 지지를 얻는 기법이다. 이 방법은 청중의 감정적 반응을 유도하고 이해를 촉진하는 데 효과적이다. 주요 요소로는 개인적 경험 공유, 감정적 언어 사용, 구체적 사례 제시, 청중의 관점 고려, 비언어적 요소 활용 등이 있다. 공감 형성 과정에는 관련 개인 경험 나누기, 감정을 직접 표현하는 단어 사용, 구체적 상황 묘사, 청중의 감정 인정, 톤과 제스처 등을 통한 감정 전달 등의 단계가 포함된다.

이 기법을 적용할 때는 과도한 감정 표현 주의, 진정성 유지, 문화적 차이 고려, 일관성 유지, 프라이버시 존중 등에 주의해야 한다. 효과적인 공감 형성은 이해관계자들과 감정적 유대를 형성하고 메시지의 수용도를 높이며, 위기 대응, 신제품 출시, 기업 문화 변화, 사회공헌 활동 소개 등 다양한 상황에서 활용될 수 있다. 공감을 유발하기 위한 주요 방법은 다음과 같다.

① 개인적 경험 공유: 관련된 개인적 경험이나 이야기를 나눈다.
② 감정적 언어 사용: 감정을 직접적으로 표현하는 단어나 문구를 사용한다.
③ 구체적 사례 제시: 추상적인 개념보다는 구체적인 사례를 통해 상황을 묘사한다.
④ 청중의 관점 고려: 청중의 입장에서 생각하고 그들의 감정을 인정한다.
⑤ 비언어적 요소 활용: 톤, 표정, 제스처 등을 통해 감정을 전달한다.

◆ 활용 예시

다음은 기업의 위기 상황 대응에서 공감을 유발하는 예시다.

구분	내용
상황	A전자의 스마트폰 배터리 폭발 사고로 인한 리콜 발표
공감 유발 메시지	존경하는 고객 여러분. 먼저, 우리 제품으로 인해 불안과 불편을 겪으신 모든 분들께 진심으로 사과의 말씀을 드립니다. 고객 여러분의 신뢰를 저버린 점에 대해 CEO로서, 그리고 한 사람의 소비자로서 깊은 책임감을 느낍니다. 저 역시 세 아이의 아버지로서, 자녀들이 사용하는 제품의 안전에 대해 늘 걱정하고 있습니다. 우리 제품을 신뢰하고 사용해 주신 고객 여러분의 실망과 분노를 충분히 이해합니다. 여러분이 느끼시는 그 감정을 저와 우리 직원들도 함께 느끼고 있습니다. 지난주, 배터리 폭발로 화상을 입은 고객을 직접 방문했습니다. 그분의 고통스러워하는 모습을 보며, 우리의 실수가 얼마나 심각한 결과를 초래할 수 있는지 가슴 아프게 실감했습니다. 그 순간 저는 단순히 기업의 CEO가 아닌, 한 인간으로서 깊은 반성과 함께 이 문제를 반드시 해결해야겠다는 강한 의지를 갖게 되었습니다. 우리는 이번 사고의 모든 피해자분들께 충분한 보상과 지원을 제공할 것입니다. 그러나 그것만으로는 부족합니다. 우리는 이러한 사고가 다시는 발생하지 않도록 모든 노력을 다하겠습니다. 현재 전 직원이 밤낮없이 이 문제의 근본 원인을 파악하고 해결책을 마련하는 데 전력을 다하고 있습니다. 저는 매일 아침 직원들과 함께 현장을 방문하여 진행 상황을 직접 확인하고 있습니다. 우리는 단 한 명의 고객도 불안해하지 않을 때까지 쉬지 않고 노력할 것입니다. 고객 여러분, 우리가 저지른 실수를 만회하고 여러분의 신뢰를 회복하는 데는 시간이 걸릴 것입니다. 그 과정이 쉽지 않을 것이라는 점도 잘 알고 있습니다. 하지만 우리는 포기하지 않겠습니다. 여러분의 신뢰를 다시 얻기 위해, 그리고 더 나은 제품과 서비스로 여러분께 보답하기 위해 최선을 다하겠습니다.

구분	내용
공감 유발 메시지	여러분의 이해와 지지를 간곡히 부탁드립니다. 함께 이 어려움을 극복해 나갈 수 있기를 희망합니다. 감사합니다.

이 메시지는 다양한 공감 형성 전략을 체계적으로 적용했다. CEO가 자신도 부모로서 제품 안전에 우려를 느낀다는 개인적 경험을 공유함으로써 고객과의 심리적 거리를 좁혔다. "실망", "분노", "고통", "가슴 아프게" 등 감정적 어휘를 전략적으로 사용하여 상황의 심각성과 기업의 진지한 태도를 전달했다.

피해 고객 방문 경험을 구체적으로 묘사함으로써 추상적 사과를 넘어 실질적 행동과 이해를 보여주었다. 고객들의 부정적 감정을 명시적으로 인정하고 그 정당성을 수용하는 청중 중심 접근법을 취했으며, CEO의 직접적 참여와 해결 노력을 강조하여 메시지의 진정성과 책임감을 강화했다.

♦   고려 사항

공감 유발 전략 구현 시 세심한 균형이 필수적이다. 과장된 감정 표현은 오히려 신뢰를 저해할 수 있으므로 상황에 적합한 감정 수준을 유지해야 한다. 형식적이거나 기계적인 공감 표현은 즉시 감지되어 불신을 초래하므로 진정성이 핵심 요소다. 글로벌 커뮤니케이션에서는 감정 표현의 문화적 차이를 인식하고 적절히 조정하는 문화적 민감성이 중요하다. 공감 메시지와 실제 기업 행동 간의 일치성을 확보하여 신뢰도를 구축해야 하며, 타인의 경험을 공유할 때는 엄격한 개인정보 보호 원칙을 준수해야 한다.

(35) 스토리텔링 기법 활용: 내러티브 설득(Narrative Persuasion)

스토리텔링은 정보나 메시지를 이야기 형식으로 전달하는 강력한 커뮤니케이션 도구다. 이를 효과적으로 활용하면, 복잡한 정보를 쉽게 전달하고 청중의 관심과 기억을 오래 유지할 수 있다.

◆ 핵심 기법

내러티브 설득(Narrative Persuasion)은 정보나 메시지를 이야기 형식으로 전달하여 청중의 관심과 기억을 유도하는 기법이다. 이 방법은 복잡한 정보를 쉽게 전달하고 청중과의 감정적 연결을 강화하는 데 효과적이다. 주요 요소로는 명확한 구조, 주인공 설정, 갈등과 해결, 감정적 요소, 구체적 세부 사항 등이 있다. 내러티브 설득 과정에는 시작-중간-끝이 있는 이야기 구조 만들기, 공감할 수 있는 주인공 중심으로 전개, 문제와 해결 과정 포함, 감정적 요소추가, 생생한 세부 묘사 등의 단계가 포함된다.

이 기법을 적용할 때는 진실성 유지, 간결성 확보, 관련성 고려, 청중 배경 고려, 기업 메시지와의 일관성 유지 등에 주의해야 한다. 효과적인 내러티브 설득은 메시지를 더욱더 효과적으로 전달하고 청중과의 감정적 연결을 강화하며, 신제품 발표, 기업 비전 소개, 위기 대응, 채용 설명회 등 다양한 상황에서 활용될 수 있다. 스토리텔링 기법을 활용하기 위한 주요 방법은 다음과 같다.

① 명확한 구조: 시작, 중간, 끝이 있는 명확한 이야기 구조를 만든다.
② 주인공 설정: 청중이 공감할 수 있는 주인공을 중심으로 이야기를 전개한다.
③ 갈등과 해결: 주인공이 직면한 문제와 그 해결 과정을 포함한다.
④ 감정적 요소: 이야기에 감정적인 요소를 추가하여 청중의 공감을 유도한다.
⑤ 구체적 세부 사항: 생생한 세부 묘사를 통해 이야기를 현실감 있게 만든다.

◆　활용 예시

다음은 기업의 신제품 출시 발표에서 스토리텔링 기법을 활용하는 예시다.

구분	내용
상황	A전자가 새로운 AI 기반 스마트홈 시스템을 출시하려 한다.
스토리텔링 활용	"오늘 여러분께 우리의 새로운 AI 스마트홈 시스템 '홈메이트'를 소개하려 합니다. 하지만 그전에, 이 제품이 탄생하게 된 이야기를 들려드리고 싶습니다. 2년 전, 우리 연구소의 김민수 연구원은 뇌졸중으로 쓰러지신 어머니를 간병하며 어려움을 겪고 있었습니다. 거동이 불편한 어머니를 돌보면서도 일을 해야 했던 민수 연구원은 매일 아침 불안한 마음으로 집을 나섰습니다. '어머니가 넘어지시면 어쩌지? 약은 제때 드실까? 가스불은 껐을까?' 이런 걱정 속에서 민수 연구원은 생각했습니다. '집이 스스로 어머니를 돌볼 수 있다면 얼마나 좋을까?' 이 단순한 생각에서 '홈메이트' 프로젝트가 시작되었습니다. 민수 연구원과 그의 팀은 18개월 동안 밤낮으로 연구를 거듭했습니다. 그들은 수백 명의 간병인, 의사, 그리고 환자 가족들을 인터뷰하며 실제 필요한 기능들을 파악했습니다. 개발 과정은 순탄치 않았습니다. AI의 정확도 문제, 프라이버시 보호 이슈, 사용자 인터페이스의 복잡성 등 수많은 난관에 부딪혔습니다. 하지만 팀은 포기하지 않았습니다. 그들에겐 이 기술이 단순한 제품이 아닌, 누군가의 가족을 지키는 '든든한 친구'가 될 것이라는 믿음이 있었기 때문입니다. 마침내, 수많은 시행착오 끝에 '홈메이트'가 완성되었습니다. 이 시스템은 집 안의 모든 기기를 연결하고 AI로 제어합니다. 사용자의 행동 패턴을 학습해 최적의 환경을 조성하고, 응급 상황을 감지하면 즉시 대응합니다.

구분	내용
스토리텔링 활용	민수 연구원의 어머니는 '홈메이트'의 첫 번째 사용자가 되었습니다. 시스템은 어머니의 약 복용 시간을 알려주고, 낙상 위험을 감지해 사고를 예방했으며, 응급 상황 시 빠르게 구조 요청을 보냈습니다. 어머니는 이제 "우리 집에 보이지 않는 천사가 있다"라고 말씀하십니다. 민수 연구원은 더 이상 불안한 마음으로 출근하지 않습니다. '홈메이트'는 단순한 기술 혁신의 결과물이 아닙니다. 그것은 가족을 걱정하는 한 아들의 마음, 그리고 더 나은 세상을 만들고자 하는 우리 연구진의 열정이 만들어낸 결실입니다. 오늘 우리가 출시하는 '홈메이트'가 여러분 가정에도 든든한 친구가 되어줄 것입니다. 여러분의 소중한 가족을 지키는 일에 A전자가 함께하겠습니다. 감사합니다."

이 사례는 효과적인 스토리텔링 구조를 체계적으로 구현했다. 연구원의 개인 경험에서 출발해 제품 개발 과정과 성과로 이어지는 명확한 내러티브 흐름을 구축했다. 김민수 연구원과 그의 어머니를 핵심 인물로 설정함으로써 추상적 기업 활동을 인간적 차원의 이야기로 전환했다.

간병의 현실적 어려움이라는 갈등 요소와 이를 해결하기 위한 제품 개발 과정을 대비시켜 긴장감과 해소의 구조를 만들었다. 어머니에 대한 걱정, 개발 과정의 도전, 성공의 만족감 등 다양한 감정적 요소를 통해 공감대를 형성했으며, 연구 기간, 인터뷰 대상자 수, 구체적 기능 등 세부 사항을 포함해 이야기의 신뢰성과 몰입도를 강화했다.

♦ 고려 사항

비즈니스 스토리텔링 활용 시 몇 가지 핵심 원칙을 반드시 고려해야 한다. 사실에 기반한 진실성을 유지하는 것이 최우선이며, 허위나 과장된 내용은 장기적 신뢰도 훼손으로 이어진다. 핵심 메시지 전달에 효과적인 간결한 구조를 유지해야 하며, 불필요한 복잡성은 주요 포인트를 희석시킬 위험이 있다. 선택한 스토리는 전달하고자 하는 핵심 비즈니스 메시지와 명확한 관련성을 가져야 하며, 청중의 관심사와 지식 수준에 맞게 조정되어야 한다. 또한 스토리는 기업의 전체 메시지 프레임워크와 브랜드 이미지에 일관되게 부합해야 한다.

(36) 감정적 언어 적절히 사용하기: 감정적 언어 활용(Emotional Language Use)

감정적 언어를 적절히 사용하는 것은 청중과의 공감대를 형성하고 메시지의 영향력을 높이는 데 중요한 역할을 한다. 이를 효과적으로 활용하면, 단순한 정보 전달을 넘어 청중의 마음을 움직이는 커뮤니케이션을 할 수 있다.

감정적 언어 활용(Emotional Language Use)은 청중과의 공감대를 형성하고 메시지의 영향력을 높이기 위해 감정을 표현하는 언어를 전략적으로 사용하는 기법이다. 이 방법은 단순한 정보 전달을 넘어 청중의 마음을 움직이는 데 효과적이다. 주요 요소로는 상황 적절성, 진정성 유지, 구체성 확보, 균형 유지, 청중 고려 등이 있다. 감정적 언어 활용 과정에는 상황에 맞는 감정적 언어 선택, 과장되지 않은 진솔한 표현 사용, 구체적인 감정 묘사, 이성적 내용과의 균형 유지, 청중의 감정 상태 고려 등의 단계가 포함된다.

이 기법을 적용할 때는 과도한 사용 자제, 문화적 차이 고려, 일관성 유지, 상황 인식, 진실성 확보 등에 주의해야 한다. 효과적인 감정적 언어 활용은 메시지의 전달력을 높이고 이해관계자들과의 감정적 유대를 강화하며, 기업의 비전 발표, 위기 대응, 사회공헌 활동 소개, 직원 동기 부여 등 다양한 상황에서 활용될 수 있다. 감정적 언어를 적절히 사용하기 위한 주요 방법은 다음과 같다.

① 상황 적절성: 상황과 맥락에 맞는 감정적 언어를 선택한다.
② 진정성 유지: 과장되거나 거짓된 감정 표현은 피한다.
③ 구체성 확보: 추상적인 감정 표현보다는 구체적인 묘사를 사용한다.

④ 균형 유지: 이성적 내용과 감정적 표현 사이의 균형을 맞춘다.

⑤ 청중 고려: 청중의 감정 상태와 기대를 고려하여 언어를 선택한다.

♦ 활용 예시

다음은 기업의 사회공헌 활동 발표에서 감정적 언어를 적절히 사용하는 예시다.

구분	내용
상황	A전자가 청소년 교육 지원 프로그램의 성과를 발표하려 한다.
감정적 언어 활용	존경하는 이해관계자 여러분. 오늘 저는 가슴 벅찬 기쁨과 깊은 감사의 마음을 안고 이 자리에 섰습니다. 우리 A전자가 3년 전 시작한 '꿈꾸는 별' 청소년 교육 지원 프로그램의 첫 번째 결실을 여러분과 함께 나누고자 합니다. 이 프로그램을 시작할 때, 우리는 희망과 동시에 두려움도 있었습니다. 과연 우리의 작은 노력이 아이들의 삶에 의미 있는 변화를 가져올 수 있을지 확신하기 어려웠기 때문입니다. 하지만 지난 3년간, 우리는 놀라운 변화의 순간들을 목격했습니다. 처음에는 수줍게 고개를 숙이던 아이들이 점차 자신감 넘치는 모습으로 변해 가는 것을 보며, 우리는 깊은 감동을 받았습니다. 특히 기억에 남는 것은 지난해 겨울, 한 학생이 전국 과학경진대회에서 대상을 받았을 때의 일입니다. 그 학생이 시상대에 올라 '꿈꾸는 별' 프로그램 덕분에 자신의 꿈을 찾았다고 말했을 때, 우리는 모두 뜨거운 눈물을 흘렸습니다.

구분	내용
감정적 언어 활용	이 프로그램을 통해 1만 명의 청소년들이 자신의 재능을 발견하고 꿈을 키워갔습니다. 그들의 밝아진 눈빛, 자신감 넘치는 목소리, 그리고 희망에 찬 미소는 우리에게 무엇과도 바꿀 수 없는 보람과 기쁨을 주었습니다. 하지만 동시에 우리는 무거운 책임감도 느낍니다. 아직도 많은 청소년들이 교육의 기회를 얻지 못한 채 어려움 속에서 고군분투하고 있기 때문입니다. 그들의 절실한 바람과 간절한 눈빛을 생각하면, 우리의 노력이 아직 부족하다는 것을 통감합니다. 그래서 우리는 오늘, 더 큰 꿈을 꾸려 합니다. 향후 5년간 '꿈꾸는 별' 프로그램의 규모를 두 배로 확대하여, 5만 명의 청소년들에게 희망의 날개를 달아주겠습니다. 여러분, 함께해 주시겠습니까? 우리의 작은 노력이 모여 큰 변화를 만들어낼 수 있다는 것을 우리는 이미 경험했습니다. 이제 더 많은 청소년들의 꿈을 함께 응원하고 지원하는 여정에 여러분을 초대합니다. 우리의 따뜻한 마음과 정성 어린 노력이 모여, 대한민국의 모든 청소년들이 밝고 희망찬 미래를 꿈꿀 수 있기를 간절히 소망합니다. 감사합니다.

이 예시는 감정적 언어 활용 전략을 효과적으로 적용했다. 사회공헌 활동 성과 발표라는 맥락에 적합한 긍정적이고 희망적인 어조를 채택했으며, 실제 경험과 결과에 기반한 진술한 감정 표현을 통해 진정성을 확보했다. "수줍게 고개를 숙이던 아이들"이나 "뜨거운 눈물" 같은 구체적 묘사를 활용해 생생함을 더했고, 감동적 서사와 구체적 성과 수치를 균형 있게 제시했다. 또한 이해관

계자들의 관심사를 고려한 언어 선택으로 청중 맞춤형 소통 전략을 구현했다.

◆ 고려 사항

감정적 언어 사용 시 주의점은 명확하다. 과도한 감성 표현은 신뢰도를 저하시키므로 적정 수준을 유지해야 한다. 문화권별 감정 표현 차이를 인식하고 존중하는 태도가 필수적이며, 전체 메시지와 감정적 표현 간 일관성을 확보해야 한다. 특히 위기 상황에서는 감정적 언어 선택에 더욱 신중한 접근이 요구되며, 표현의 진실성은 반드시 확보되어야 한다.

제5장

상대 입장에 따른
논증 전략

우호적 입장의 상대

우호적 입장의 상대를 대할 때는 관계를 더욱 강화하고 협력을 끌어내는 전략이 필요하다. 이미 기본적인 신뢰 관계가 형성된 상황에서 이를 발전시키고 생산적인 결과로 연결하는 세 가지 핵심 기법이 있다.

공통 기반 구축은 양측 간의 유사점과 공유 가치를 강조하는 전략이다. 공동의 목표 식별, 유사한 경험 공유, 보편적 가치 활용을 통해 관계의 기반을 강화한다. "우리는 모두 이 산업의 지속 가능한 성장을 원합니다"와 같은 표현은 대화의 출발점을 제공한다. 공통점 강조는 '우리'라는 집단 정체성을 형성하고 협력의 심리적 장벽을 낮춘다. 효과적인 공통 기반 구축은 진정성을 바탕으로 하며, 형식적 공통점 나열은 오히려 신뢰를 손상시킬 수 있다.

상호 이익 강조는 협력을 통해 모든 당사자가 얻을 수 있는 이점을 명확히 제시하는 기법이다. 각 당사자의 니즈를 정확히 파악하고, 협력을 통한 새로운 가치 창출 가능성을 제시하며, 구체적 이익을 명시한다. "이 파트너십을 통해 귀사는 시장 확대를, 우리는 기술력 향상을 이룰 수 있습니다"와 같이 양측의 이익을 구체적으로 설명하는 것이 중요하다. 상호 이익의 균형과 현실성은 장기적 협력 관계의 토대가 된다.

긍정적 강화는 상대방의 긍정적 측면과 기여를 인정하고 강화하는 전략이다. 신뢰할 수 있는 출처의 긍정적 피드백, 구체적 사례, 객관적 데이터를 활용하여 상대의 장점을 강조한다. "귀사의 혁신적 접근이 이 프로젝트의 성공에 결정적 역할을 했습니다"와 같은 인정은 협력 관계를 강화한다. 진정성 있는 긍정적 피드백은 상대방의 동기를 높이고 건설적인 관계를 촉진한다.

이 세 가지 기법은 상호보완적이다. 공통 기반을 바탕으로 상호 이익을 제시하고 긍정적 피드백으로 관계를 강화할 때, 더욱 생산적인 협력이 가능하다. 우호적 상대와의 관계는 단기적 거래를 넘어 장기적 파트너십으로 발전할 수 있으며, 이는 복잡한 비즈니스 환경에서 중요한 경쟁 우위가 된다.

효과적인 우호적 전략은 상대를 존중하는 진정성, 구체적 사실에 기반한 객관성, 그리고 상호 발전을 추구하는 협력적 자세에서 시작된다. 이러한 전략은 비즈니스 협상, 파트너십 구축, 팀 협업 등 다양한 상황에서 가치 있는 결과를 끌어낸다.

(37) 공통점 강조하기:
공통 기반 구축(Common Ground Establishment)

공통점을 강조하는 것은 우호적 입장을 확립하고 상호 이해를 증진시키는 효과적인 전략이다. 이 기술을 잘 활용하면, 다양한 이해관계자들과의 관계를 개선하고 협력을 끌어낼 수 있다.

◆ 핵심 기법

공통 기반 구축(Common Ground Establishment)은 상호 간의 유사점과 공유 가치를 강조하여 우호적 관계를 형성하고 협력을 촉진하는 기법이다. 이 방법은 다양한 이해관계자들과의 관계 개선과 협력 유도에 효과적이다. 주요 요소로는 공동의 목표 식별, 유사한 경험 공유, 보편적 가치 활용, 협력의 이점 강조, 포용적 언어 사용 등이 있다. 공통 기반 구축 과정에는 양측이 공유하는 목표나 가치 찾기, 유사한 경험이나 도전 언급하기, 보편적 가치 제시하기, 협력의 구체적 이점 설명하기, '우리'나 '함께' 등의 포용적 언어 사용하기 등의 단계가 포함된다.

이 기법을 적용할 때는 진정성 유지, 차이점 인정, 구체성 확보, 균형 유지, 문화적 민감성 고려 등에 주의해야 한다. 효과적인 공통 기반 구축은 다양한 이해관계자들과의 유대관계를 강화하고 협력의 기반을 마련하며, 파트너십 발표, 갈등 해결, 직원 동기 부여, 고객 관계 강화 등 다양한 상황에서 활용될 수 있다. 공통점을 강조하기 위한 주요 방법은 다음과 같다.

① 공동의 목표 식별: 양측이 공유하는 목표나 가치를 찾아 강조한다.
② 유사한 경험 공유: 상대방과 유사한 경험이나 도전을 겪었음을 언급한다.
③ 보편적 가치 활용: 모두가 동의할 수 있는 보편적 가치를 언급한다.
④ 협력의 이점 강조: 공통점을 바탕으로 한 협력의 이점을 설명한다.
⑤ 포용적 언어 사용: '우리', '함께' 등의 포용적 언어를 사용한다.

◆ 활용 예시

다음은 기업과 지역사회 간의 협력 프로젝트 발표에서 공통점을 강조하는 예시다.

구분	내용
상황	A전자가 지역사회와 함께 '그린 시티' 프로젝트를 시작합니다.
공통점 강조 메시지	존경하는 OO시 시민 여러분. 오늘 우리는 매우 특별한 여정의 시작점에 서 있습니다. A전자와 OO시가 손을 잡고 '그린 시티' 프로젝트를 시작하게 된 것을 기쁘게 생각합니다. 우리는 모두 이 도시의 구성원입니다. A전자의 직원들도, 그 가족들도 이 도시에서 살아가고 있습니다. 우리는 이 도시의 맑은 공기, 깨끗한 거리, 그리고 푸른 공원을 함께 누리고 있습니다. 동시에 우리는 기후 변화와 환경 오염이라는 공통의 도전에 직면해 있습니다. A전자와 OO시는 이미 많은 것을 공유하고 있습니다. 1. 지속 가능한 미래에 대한 비전: 우리는 모두 다음 세대에게 더 나은 환경을 물려주고자 합니다. 2. 혁신의 정신: OO시는 항상 새로운 아이디어를 환영해 왔고, A전자 역시 혁신을 핵심 가치로 삼고 있습니다. 3. 공동체 의식: 우리는 모두 이 도시의 발전이 곧 우리의 발전임을 알고 있습니다. 4. 실천의 의지: 단순한 계획에 그치지 않고, 실제 행동으로 옮기는 것이 우리의 공통된 특징입니다.

구분	내용
공통점 강조 메시지	'그린 시티' 프로젝트를 통해 우리가 함께 이루고자 하는 것은 다음과 같습니다. – 재생 에너지 사용률 50% 달성 – 도시 전체 탄소 배출량 30% 감축 – 녹지 공간 20% 확대 – 친환경 대중교통 시스템 구축 이 목표들은 A전자만의, 혹은 시 정부만의 목표가 아닙니다. 이는 우리 모두의 목표입니다. 우리가 함께 꿈꾸는 미래의 모습입니다. A전자는 첨단 기술과 혁신적인 아이디어를 제공할 것입니다. OO시는 정책적 지원과 시민들의 참여를 끌어낼 것입니다. 그리고 우리는 모두 이 프로젝트의 주인으로서 적극적으로 참여하고 실천할 것입니다. 우리의 공통된 비전, 가치, 그리고 노력이 만나 시너지를 이룰 때, 우리는 불가능해 보이는 일도 해낼 수 있습니다. 함께라면, 우리는 OO시를 세계에서 가장 친환경적이고 살기 좋은 도시로 만들 수 있습니다. OO시 시민 여러분, 이 의미 있는 여정에 함께해 주시기 바랍니다. 우리가 모두 '그린 시티'의 주인공입니다. 함께 꿈꾸고, 함께 만들어갑시다. 감사합니다.

이 예시는 공통 기반 구축을 위한 효과적인 전략을 보여준다. 지속 가능한 미래와 환경 보호라는 공동 목표를 명확히 제시했고, 같은 도시에 거주하며 동일한 환경 문제를 경험한다는 유사성을 강조했다. 다음 세대를 위한 책임, 혁신, 공동체 의식과 같은 보편적 가치를 전략적으로 활용했으며, 협력을 통한 시너지 효과를 구

체적으로 설명했다. '우리', '함께'와 같은 포용적 언어를 일관되게 사용함으로써 심리적 거리를 좁히고 협력 의지를 강화했다.

◆ 고려 사항

공통점 강조 시 주의 사항은 다섯 가지로 명확하다. 실제 공유하는 가치와 목표만 언급하여 진정성을 유지해야 하며, 현실적 접근을 위해 차이점도 적절히 인정해야 한다. 추상적 공통점보다 구체적 예시와 행동 제안이 효과적이고, 일방적 이익 추구가 아닌 균형 잡힌 접근이 중요하다. 다양한 문화적 배경을 가진 이해관계자와 소통 시에는 문화적 차이를 고려한 민감한 접근이 필수적이다.

(38) 상호 이익 제시하기: 상호 이익 강조(Mutual Benefit Emphasis)

상호 이익을 제시하는 것은 협력 관계를 구축하고 합의를 끌어내는 데 매우 효과적인 전략이다. 이 기술을 잘 활용하면, 다양한 이해관계자들의 지지를 얻고 원원(Win-Win) 상황을 창출할 수 있다.

◆ 핵심 기법

상호 이익 강조(Mutual Benefit Emphasis)는 협력 관계에서 모든 당사자가 얻을 수 있는 이점을 명확히 제시하여 합의와 협력을 촉진하는 기법이다. 이 방법은 다양한 이해관계자들의 지지를 얻고 원원(Win-Win) 상황을 창출하는 데 효과적이다. 주요 요소로는 양측의 니즈 파악, 공동의 가치 창출, 구체적 이익 명시, 장기적 관점 제시, 균형 있는 접근 등이 있다. 상호 이익 강조 과정에는 각 당사자의 필요와 목표 이해하기, 협력을 통한 새로운 가치 제시하기, 각 당사자의 구체적 이익 설명하기, 장기적 이점 강조하기, 모든 당사자의 이익 균형 있게 고려하기 등의 단계가 포함된다.

이 기법을 적용할 때는 현실성 유지, 투명성 확보, 구체성 제공, 공정성 유지, 유연성 확보 등에 주의해야 한다. 효과적인 상호 이익 강조는 다양한 이해관계자들과의 건설적인 관계 구축과 지속 가능한 성장 기반 마련에 도움을 주며, 비즈니스 협상, 파트너십 체결, 노사 협의, 고객 관계 관리 등 다양한 상황에서 활용될 수 있다. 상호 이익을 제시하기 위한 주요 방법은 다음과 같다.

① 양측의 니즈 파악: 각 당사자의 필요와 목표를 정확히 이해한다.
② 공동의 가치 창출: 협력을 통해 만들어낼 수 있는 새로운 가치를 제시한다.
③ 구체적 이익 명시: 각 당사자가 얻게 될 구체적인 이익을 명확히 설명한다.

④ 장기적 관점 제시: 단기적 이익뿐만 아니라 장기적인 이점도 강조한다.

⑤ 균형 있는 접근: 한쪽에 치우치지 않고 모든 당사자의 이익을 고려한다.

◆ 활용 예시

다음은 기업과 협력업체 간의 새로운 파트너십 발표에서 상호이익을 제시하는 예시다.

구분	내용
상황	A전자가 중소 협력업체 B사와 AI 기술 개발 파트너십을 체결합니다.

상호 이익
제시 메시지
	안녕하세요, A전자 CEO 김철수입니다. 오늘 우리는 B사와의 전략적 파트너십 체결을 발표하게 되어 기쁩니다. 이 파트너십은 양사에 큰 기회가 될 것이며, 나아가 AI 산업 전체의 발전에 기여할 것입니다.
	
	이 파트너십을 통해 양사가 얻게 될 구체적인 이익을 말씀드리겠습니다.
	
	1. 기술 시너지
	  - A전자: B사의 혁신적인 AI 알고리즘을 활용해 제품 성능을 30% 향상시킬 수 있습니다.
	  - B사: A전자의 방대한 데이터와 컴퓨팅 파워를 활용해 알고리즘 개발 속도를 2배 높일 수 있습니다.
	
	2. 시장 확대
	  - A전자: B사의 특화된 기술로 새로운 시장 진출이 가능해집니다.
	  - B사: A전자의 글로벌 네트워크를 통해 해외 시장 진출의 기회를 얻게 됩니다.

구분	내용
상호 이익 제시 메시지	**3. 비용 절감** 　- A전자: 외부 기술 도입 비용을 20% 절감할 수 있습니다. 　- B사: A전자의 인프라를 활용해 연구개발 비용을 30% 줄일 수 있습니다. **4. 인재 육성** 　- A전자: B사의 전문가들과의 협업을 통해 AI 인재를 육성할 수 있습니다. 　- B사: A전자의 교육 프로그램을 통해 임직원들의 역량을 강화할 수 있습니다. **5. 브랜드 가치 향상** 　- A전자: 혁신적인 중소기업과의 협력으로 기업 이미지를 제고할 수 있습니다. 　- B사: 대기업과의 파트너십으로 기술력을 인정받고 신뢰도를 높일 수 있습니다. **6. 사회적 가치 창출** 　- 양사 모두: AI 기술 발전을 통해 사회 문제 해결에 기여하고, 국가 산업 경쟁력 향상에 도움을 줄 수 있습니다. 이 파트너십은 단기적인 이익을 넘어 장기적으로 양사의 지속 가능한 성장을 가능케 할 것입니다. 우리는 함께 AI 기술의 새로운 지평을 열어갈 것이며, 이는 곧 한국 IT 산업 전체의 발전으로 이어질 것입니다. A전자는 이번 파트너십을 통해 대기업과 중소기업이 어떻게 상생하며 함께 성장할 수 있는지 보여주고자 합니다. 우리는 B사의 혁신 정신과 기술력을 존중하며, 동등한 파트너로서 서로의 강점을 극대화하는 협력 모델을 만들어갈 것입니다. 이 여정에 함께해 주신 B사 임직원 여러분께 감사드리며, 앞으로 우리가 함께 이룩할 성과를 기대합니다. 감사합니다.

이 예시는 양측 기업의 기술 향상 및 시장 확대 니즈를 정확히 파악하고 반영했으며, AI 산업 발전과 사회적 가치 창출이라는 공동 가치를 명확히 제시했다. 성능 향상과 비용 절감에 관한 구체적 수치를 통해 실질적 이익을 명시했고, 지속 가능한 성장과 산업 발전이라는 장기적 관점을 강조했다. 또한 양사의 이익을 균형 있게 제시함으로써 공정한 파트너십 기반을 구축했다.

◆   고려 사항

상호 이익 제시 시 다섯 가지 주의 사항이 필수적이다. 실현이 가능한 이익만 제시하여 현실성을 유지해야 하며, 잠재적 위험과 단점도 투명하게 공개하여 신뢰를 구축해야 한다. 추상적 이익보다 측정이 가능한 구체적 이익을 제시하고, 모든 당사자의 이익을 균형 있게 고려하는 공정한 접근이 중요하다. 또한 상황 변화에 대응할 수 있는 유연한 이익 구조 설계가 필요하다.

(39) 긍정적 피드백 활용하기: 긍정적 강화(Positive Reinforcement)

긍정적 피드백을 효과적으로 활용하는 것은 기업의 이미지를 강화하고 신뢰를 구축하는 데 중요한 전략이다. 이 기술을 잘 활용하면, 기업의 강점을 부각시키고 이해관계자들의 지지를 얻을 수 있다.

♦ 핵심 기법

긍정적 강화(Positive Reinforcement)는 기업이 받은 긍정적인 평가와 피드백을 전략적으로 활용하여 기업 이미지를 강화하고 신뢰를 구축하는 기법이다. 이 방법은 기업의 강점을 부각시키고 이해관계자들의 지지를 얻는 데 효과적이다. 주요 요소로는 신뢰할 수있는 출처 선택, 구체적 사례 제시, 다양한 이해관계자 포함, 객관성 유지, 개선 의지 표현 등이 있다. 긍정적 강화 과정에는 권위 있는 기관이나 전문가의 피드백 활용, 구체적인 사례와 함께 피드백제시, 다양한 이해관계자의 의견 포함, 객관적인 톤 유지, 지속적인 개선 의지 표현 등의 단계가 포함된다.

이 기법을 적용할 때는 과장 주의, 균형 유지, 최신성 유지, 맥락 고려, 사생활 보호 등에 주의해야 한다. 효과적인 긍정적 강화는 기업의 강점을 효과적으로 커뮤니케이션하고 이해관계자들의 신뢰와 지지를 강화하며, 연례 보고서, 투자자 발표, 마케팅 캠페인, 채용 활동 등 다양한 상황에서 활용될 수 있다. 긍정적 피드백을 활용하기 위한 주요 방법은 다음과 같다.

① 신뢰할 수 있는 출처 선택: 권위 있는 기관이나 전문가의 피드백을 활용한다.

② 구체적 사례 제시: 일반적인 칭찬보다는 구체적인 사례와 함께 제시한다.

③ 다양한 이해관계자 포함: 고객, 직원, 파트너사 등 다양한 이해관계자의 피드백을 활용한다.

④ 객관성 유지: 과도한 자화자찬을 피하고 객관적인 톤을 유지한다.

⑤ 개선 의지 표현: 긍정적 피드백과 함께 지속적인 개선 의지를 표현한다.

♦ 활용 예시

다음은 기업의 연례 보고서에서 긍정적 피드백을 활용하는 예시다.

존경하는 이해관계자 여러분,

A전자는 지난 한 해 동안 혁신과 지속가능성을 추구하며 의미 있는 성과를 이뤄냈습니다. 이러한 우리의 노력이 다양한 이해관계자들로부터 긍정적으로 평가받고 있음을 기쁘게 생각합니다.

1. 고객 만족도
   - 글로벌 고객만족도 조사에서 95점을 기록, 업계 1위를 달성했습니다.
   - 한 고객은 다음과 같이 말했습니다. "A전자의 제품은 단순히 기능만 뛰어난 것이 아니라, 사용자의 삶의 질을 실제로 향상시켜 줍니다."

---

2. 혁신성 인정
- 권위 있는 기술 매거진 'Tech Today'는 우리의 최신 스마트폰을 "올해의 가장 혁신적인 제품"으로 선정했습니다.
- 평가위원은 "A전자의 AI 기술은 업계의 판도를 바꿀 만한 잠재력을 가지고 있다"라고 평가했습니다.

3. 직원 만족도
- 익명의 직원 설문조사에서 90%의 직원이 "A전자에서 일하는 것을 자랑스럽게 생각한다"라고 응답했습니다.
- 한 직원은 이렇게 말했습니다. "A전자는 단순히 일자리를 제공하는 것이 아니라, 개인의 성장과 발전을 진심으로 지원합니다."

4. 지속가능경영 성과
- 국제 지속가능경영 평가기관 DJSI에서 3년 연속 업계 리더로 선정되었습니다.
- 평가단은 "A전자의 환경 정책과 사회공헌 활동은 타 기업의 모범이 되고 있다"라고 평가했습니다.

5. 파트너사와의 관계
- 협력업체 만족도 조사에서 작년 대비 15% 상승한 88점을 기록했습니다.
- 한 협력업체 CEO는 "A전자와의 파트너십은 우리 회사 성장의 핵심 동력"이라고 말했습니다.

이러한 긍정적인 평가들은 우리의 노력이 올바른 방향으로 가고 있음을 보여줍니다. 하지만 우리는 여기에 안주하지 않을 것입니다. 이러한 피드백을 바탕으로 더 나은 제품과 서비스를 개발하고, 더 책임 있는 기업 시민이 되기 위해 계속 노력할 것입니다.

앞으로도 A전자는 고객, 직원, 파트너사, 그리고 사회와 함께 성장하는 기업이 되겠습니다. 여러분의 지속적인 관심과 지지를 부탁드립니다.

감사합니다.

이 예시는 글로벌 고객만족도 조사, 기술 매거진, DJSI 등 신뢰도 높은 출처의 평가를 전략적으로 인용했으며, 구체적 점수와 순위, 개별 인터뷰 내용을 통해 설득력을 높였다. 고객, 직원, 전문가, 파트너사 등 다양한 이해관계자의 피드백을 균형 있게 포함시켰고, 외부 평가와 구체적 수치를 활용해 객관성을 확보했다. 또한 마지막 부분에서 지속적 개선 의지를 표명함으로써 미래지향적 접근을 보여주었다.

◆   고려 사항

긍정적 피드백 활용 시 다섯 가지 핵심 주의 사항이 있다. 사실에 기반한 피드백만 사용하고 과장을 철저히 배제해야 하며, 긍정적 측면뿐 아니라 개선 필요 사항도 함께 언급하여 균형을 유지해야 한다. 가능한 최신 피드백을 활용하여 시의성을 확보하고, 오해 방지를 위해 피드백의 맥락을 충분히 설명해야 한다. 개인 피드백 활용 시에는 사전 동의 획득과 필요시 익명 처리를 통해 사생활을 보호해야 한다.

중립적 입장의 상대

중립적 입장의 상대를 설득하는 것은 정보에 기반한 판단과 신중한 접근이 요구되는 상황이다. 이미 결정을 내린 상대와 달리, 중립적 상대는 다양한 정보와 관점을 종합하여 결론을 내리고자한다. 이러한 상대에게 효과적인 논증을 위한 세 가지 핵심 전략이 있다.

객관적 분석은 개인적 편향이나 주관을 배제하고 사실과 데이터에 기반한 정보를 제시하는 기법이다. 검증이 가능한 데이터 중심의 내용 구성, 감정적 표현 대신 중립적 언어 사용, 정보 출처의 명확화가 중요하다. "당사 제품은 독립 연구소의 테스트 결과 에너지 효율이 30% 향상되었습니다"와 같은 객관적 정보는 신뢰성을 높인다. 객관적 분석은 선택적 정보 제공을 피하고 적절한 맥락과 함께 정보를 제시할 때 더욱더 효과적이다.

균형 잡힌 관점은 장단점을 함께 제시하고 다양한 측면을 고려하는 접근법이다. 긍정적 측면과 부정적 측면을 모두 언급하고, 여러 이해관계자의 시각을 포함하며, 문제점과 해결책을 함께 제시한다. "이 전략은 초기 비용 증가라는 단점이 있지만, 장기적으로는 운영 효율성 증대와 브랜드 가치 상승이라는 이점이 있습니다"와 같은 접근은 신중하고 책임감 있는 태도를 보여준다. 균형 잡힌 관점은 모든 요소를 동등하게 다루기보다 중요도에 따라 적절히 강조하는 것이 효과적이다.

다각적 분석은 특정 이슈를 여러 이해관계자의 관점에서 종합적으로 검토하는 기법이다. 관련된 모든 이해관계자 식별, 각 그룹의 의견과 우려 사항 고려, 다양한 문화적 배경 고려가 포함된다. "이 정책은 직원, 고객, 주주, 지역사회에 각기 다른 영향을 미칩니다"와 같이 다양한 관점을 제시하는 것은 포용적이고 종합적인 사고를 보여준다. 다각적 분석은 현실적인 절충점을 찾고 투명한 의사결정 과정을 보여줄 때 설득력이 생긴다.

이 세 가지 기법은 상호 강화된다. 객관적 분석을 바탕으로 균형 잡힌 관점을 제시하고, 다양한 이해관계자의 시각을 고려할 때 중립적 상대에게 신뢰와 설득력을 얻을 수 있다. 중립적 상대를 설득하는 핵심은 판단의 재료가 되는 정보를 충분히 제공하고, 상대방이 스스로 합리적 결론에 도달할 수 있도록 돕는 것이다.

(40) 객관성 유지하기: 객관적 분석(Objective Analysis)

객관성을 유지하는 것은 기업 커뮤니케이션의 신뢰성과 전문성을 확보하는 데 핵심적인 요소이다. 이 기술을 잘 활용하면, 편향되지 않은 정보를 제공하고 이해관계자들의 신뢰를 얻을 수 있다.

♦ 핵심 기법

객관적 분석(Objective Analysis)은 편견이나 개인적 해석을 배제하고 사실과 데이터에 기반하여 정보를 제시하는 기법이다. 이 방법은 기업 커뮤니케이션의 신뢰성과 전문성을 확보하는 데 핵심적이다. 주요 요소로는 사실에 기반한 정보 제공, 다양한 관점 포함, 중립적 언어 사용, 출처 명시, 한계점 인정 등이 있다. 객관적 분석 과정에는 검증이 가능한 데이터 중심의 내용 구성, 다양한 시각 제시, 감정적 표현 배제, 정보 출처 명확화, 데이터나 주장의 한계 인정 등의 단계가 포함된다.

이 기법을 적용할 때는 선택적 정보 제공 주의, 맥락 제공, 비교 기준 명시, 전문가 검토, 지속적 업데이트 등에 주의해야 한다. 효과적인 객관적 분석은 기업의 투명성과 신뢰성을 높이고 이해관계자들과의 건강한 관계 구축에 도움을 주며, 재무 보고서, 지속가능경영 보고서, 제품 성능 평가, 위기 대응 커뮤니케이션 등 다양한 상황에서 활용될 수 있다. 객관성을 유지하기 위한 주요 방법은 다음과 같다.

① 사실에 기반한 정보 제공: 검증이 가능한 데이터와 사실을 중심으로 내용을 구성한다.
② 다양한 관점 포함: 한쪽의 입장만이 아닌 다양한 시각을 제시한다.
③ 중립적 언어 사용: 감정적이거나 편향된 표현을 피하고 중립적인 어조를 유지한다.
④ 출처 명시: 정보의 출처를 명확히 밝힌다.
⑤ 한계점 인정: 데이터나 주장의 한계를 인정하고 명시한다.

◆　활용 예시

다음은 기업의 환경 영향 보고서에서 객관성을 유지하는 예시다.

A전자 2023년 환경 영향 보고서

본 보고서는 A전자의 2023년 환경 관련 활동과 그 영향을 객관적으로 분석하고 있습니다.

1. 온실가스 배출

데이터:
- 2023년 총 온실가스 배출량: 100만 톤 (전년 대비 5% 감소)
- 생산량 대비 온실가스 배출량: 제품 1단위당 0.5톤 (전년 대비 3% 감소)

출처: 환경부 인증 온실가스 배출량 검증 기관 'C연구소'의 검증 보고서

분석:
온실가스 총배출량은 감소했으나, 이는 부분적으로 코로나19로 인한 생산량 감소 영향도 있는 것으로 판단됩니다. 생산량 대비 배출량의 감소는 당사의 에너지 효율화 노력의 결과로 볼 수 있으나, 업계 평균(0.45톤/단위) 대비로는 여전히 높은 수준입니다.

2. 재생 에너지 사용

데이터:
- 2023년 재생 에너지 사용 비율: 전체 에너지 사용량의 25% (전년 18%)
- 재생 에너지 투자액: 5000억 원 (전년 대비 40% 증가)

출처: A전자 내부 에너지 관리 시스템, 재무보고서

분석:
재생 에너지 사용 비율이 크게 증가했으나, 이는 여전히 글로벌 기업 평균(30%)에 미치지 못하는 수준입니다. 다만, 투자액의 큰 증가는 향후 개선 가능성을 시사합니다.

3. 수자원 관리

데이터:
- 2023년 총 용수 사용량: 500만 톤 (전년 대비 2% 증가)
- 용수 재사용률: 40% (전년 35%)

출처: 각 사업장 용수 관리 시스템, 제3자 검증 기관 'D공사' 보고서

분석:
총 용수 사용량이 소폭 증가했으나, 이는 생산량 증가(3%)를 고려하면 상대적으로 개선된 것으로 볼 수 있습니다. 용수 재사용률의 증가는 긍정적이나, 목표치(50%)에는 아직 도달하지 못했습니다.

결론:
A전자는 2023년 전반적으로 환경 성과를 개선했으나, 여전히 개선의 여지가 있는 영역이 존재합니다. 특히 온실가스 배출과 재생 에너지 사용 면에서 업계 선도 기업들과의 격차를 좁히기 위한 추가적인 노력이 필요할 것으로 보입니다.

본 보고서의 한계:
- 일부 데이터는 내부 측정 시스템에 기반하여, 외부 검증이 완전하지 않을 수 있습니다.
- 코로나19의 영향으로 일부 지표의 연도별 직접 비교가 제한적일 수 있습니다.

A전자는 이러한 분석을 바탕으로 더욱더 효과적인 환경 정책을 수립하고 실행할 것을 약속해 드립니다.

이 예시는 구체적 수치와 데이터를 제시하여 사실에 기반한 정보를 제공했으며, 긍정적 측면과 부정적 측면을 균형 있게 다루어 다양한 관점을 포함했다. 감정적 표현을 배제하고 중립적 어조를

일관되게 유지했고, 각 데이터 출처를 명확히 밝혀 검증 가능성을 확보했다. 또한 보고서의 한계와 개선 필요 영역을 명시함으로써 투명성과 신뢰도를 강화했다.

♦   고려 사항

객관성 유지 시 다섯 가지 핵심 주의 사항이 있다. 유리한 정보만 선별적으로 제시하는 편향을 방지해야 하며, 단순 수치 나열이 아닌 적절한 맥락과 함께 정보를 제공해야 한다. 성과 평가에 사용된 비교 기준을 명확히 밝히고, 가능한 경우 외부 전문가 검토를 통해 객관성을 강화해야 한다. 또한 새로운 정보 발생 시 신속한 업데이트를 통해 최신성을 유지하는 것이 중요하다.

(41) 균형 잡힌 시각 제시하기: 균형 잡힌 관점(Balanced Perspective)

균형 잡힌 시각을 제시하는 것은 기업의 신뢰성과 투명성을 높이는 중요한 커뮤니케이션 전략이다. 이 기술을 효과적으로 활용하면, 다양한 이해관계자들의 신뢰를 얻고 기업의 책임감 있는 태도를 보여줄 수 있다.

균형 잡힌 관점(Balanced Perspective)은 특정 사안이나 상황에 대해 다양한 측면과 시각을 고려하여 종합적이고 공정한 시각을 제시하는 기법이다. 이 방법은 기업의 신뢰성과 투명성을 높이는 데 효과적이다. 주요 요소로는 장단점 함께 제시, 다양한 관점 고려, 데이터 기반 논증, 대안 제시, 겸손한 태도 등이 있다. 균형 잡힌 관점 제시 과정에는 긍정적 측면과 부정적 측면 모두 언급하기, 여러 이해관계자의 시각 포함하기, 객관적 데이터 활용하기, 문제점과 해결책 함께 제시하기, 기업의 한계와 개선 필요성 인정하기 등의 단계가 포함된다.

이 기법을 적용할 때는 과도한 중립성 주의, 일관성 유지, 명확한 입장 표명, 적절한 강조, 현실성 유지 등에 주의해야 한다. 효과적인 균형 잡힌 관점 제시는 기업의 투명성과 신뢰성을 높이고 다양한 이해관계자들의 지지를 얻는 데 도움을 주며, 신규 사업 발표, 위기 대응, 정책 변경 설명, 연례 보고서 작성 등 다양한 상황에서 활용될 수 있다. 균형 잡힌 시각을 제시하기 위한 주요 방법은 다음과 같다.

① 장단점 함께 제시: 긍정적 측면과 부정적 측면을 모두 언급한다.

② 다양한 관점 고려: 여러 이해관계자의 시각을 포함한다.

③ 데이터 기반 논증: 감정적 주장보다는 객관적 데이터를 활용한다.

④ 대안 제시: 문제점을 언급할 때는 가능한 해결책도 함께 제시한다.

⑤ 겸손한 태도: 기업의 한계와 개선 필요성을 인정한다.

◆ 활용 예시

다음은 기업의 신규 사업 진출 발표에서 균형 잡힌 시각을 제시하는 예시다.

안녕하세요, A전자 CEO 김철수입니다. 오늘 우리 회사의 전기차 배터리 사업 진출에 대해 말씀드리고자 합니다.

1. 사업 진출 배경
 − 기회: 글로벌 전기차 시장이 2030년까지 연평균 25% 성장할 것으로 전망됩니다. (출처: B리서치)
 − 도전: 이미 시장을 선점한 강력한 경쟁자들이 존재합니다.

2. 우리의 강점
 − 기술력: 30년간의 배터리 관련 특허 500건 보유
 − 생산 능력: 기존 소비자 전자 제품용 배터리 생산 시설 활용 가능

3. 예상되는 어려움
 − 초기 투자 부담: 향후 5년간 10조 원의 투자 필요

- 기술적 과제: 전기차용 대용량 배터리의 안전성 확보 필요
- 인력 확보: 관련 분야 전문 인력 부족

4. 이해관계자별 영향
   - 주주: 단기적으로는 수익성 하락 가능성, 장기적으로는 신성장 동력 확보
   - 임직원: 새로운 기회와 동시에 조직 변화에 따른 불안 가능성
   - 지역사회: 신규 일자리 창출, 그러나 환경 영향에 대한 우려도 존재

5. 리스크 관리 계획
   - 단계적 투자: 시장 상황에 따라 투자 규모와 속도 조절
   - 기술 제휴: 선도 기업들과의 전략적 파트너십 추진
   - 지속가능성 확보: 생산 과정의 탄소 중립화 및 자원 재활용 시스템 구축

6. 향후 전망
   - 긍정적 시나리오: 2030년까지 글로벌 시장 점유율 10% 달성, 매출 20조 원 규모로 성장
   - 부정적 시나리오: 기술 개발 지연 또는 시장 진입 실패로 인한 투자 손실 가능성

결론:
전기차 배터리 사업 진출은 A전자에 큰 기회이자 도전입니다. 우리는 이 사업의 잠재력을 믿지만, 동시에 그 위험성도 인지하고 있습니다. 우리는 신중하고 책임감 있는 접근으로 이 새로운 도전을 추진해 나갈 것입니다.

우리는 이 과정에서 모든 이해관계자들과 열린 소통을 지속할 것을 약속드립니다. 여러분의 의견과 우려 사항을 경청하고, 이를 우리의 전략에 반영하겠습니다.

A전자는 이 새로운 여정을 통해 지속 가능한 미래 모빌리티 산업에 기여하고, 동시에 기업 가치를 높여갈 수 있을 것으로 믿습니다. 여러분의 지속적인 관심과 지지를 부탁드립니다. 감사합니다.

이 예시는 사업의 기회와 도전, 강점과 약점을 함께 제시하여 장단점을 균형 있게 다루었으며, 주주, 임직원, 지역사회 등 다양한 이해관계자의 입장을 포괄적으로 고려했다. 시장 전망과 투자 규모 등 구체적 수치를 활용한 데이터 기반 논증을 전개했고, 예상되는 문제점과 함께 리스크 관리 계획을 제시하여 실질적 대안을 제공했다. 또한 사업의 불확실성과 위험성을 인정하고 이해관계자 의견 수렴 의지를 표명함으로써 겸손한 태도를 보여주었다.

♦ 고려 사항

균형 잡힌 시각 제시 시 다섯 가지 핵심 주의 사항이 있다. 과도한 중립성 추구로 메시지 핵심이 흐려지지 않도록 해야 하며, 앞뒤 논리가 모순되지 않는 일관성을 유지해야 한다. 균형 잡힌 분석을 제공하되 최종적인 기업 입장은 명확히 표명해야 하고, 모든 요소를 동등하게 다루기보다 중요도에 따라 적절히 강조해야 한다. 또한 지나치게 이상적인 균형보다 현실적이고 실현이 가능한 균형을 제시하는 것이 중요하다.

(42) 다양한 관점 고려하기: 다각적 분석(Multi-perspective Analysis)

다양한 관점을 고려하는 것은 포괄적이고 균형 잡힌 커뮤니케이션을 위한 핵심 전략이다. 이 기술을 효과적으로 활용하면, 더 넓은 이해관계자 집단의 공감을 얻고 기업의 포용성을 강화할 수 있다.

◆ 핵심 기법

다각적 분석(Multi-perspective Analysis)은 특정 이슈나 상황을 다양한 이해관계자의 관점에서 종합적으로 검토하고 고려하는 기법이다. 이 방법은 포괄적이고 균형 잡힌 커뮤니케이션을 위해 중요하며, 더 넓은 이해관계자 집단의 공감을 얻고 기업의 포용성을 강화하는 데 효과적이다. 주요 요소로는 이해관계자 맵핑, 적극적 경청, 다각도 분석, 문화적 감수성, 소수의견 존중 등이 있다. 다각적 분석 과정에는 모든 관련 이해관계자 그룹 식별, 각 그룹의 의견과 우려 사항 청취, 주요 이슈의 다양한 각도 분석, 다양한 문화적 배경 고려, 소수 의견 포함 등의 단계가 포함된다.

이 기법을 적용할 때는 균형 유지, 현실성 확보, 일관성 유지, 투명성 확보, 지속적 소통 등에 주의해야 한다. 효과적인 다각적 분석은 더 포용적이고 지속 가능한 의사결정을 가능하게 하며, 새로운 정책 도입, 조직 변경, 제품 개발, 마케팅 전략 수립 등 다양한 상황에서 활용될 수 있다. 다양한 관점을 고려하기 위한 주요 방법은 다음과 같다.

① 이해관계자 맵핑: 모든 관련 이해관계자 그룹을 식별한다.

② 적극적 경청: 각 그룹의 의견과 우려 사항을 주의 깊게 청취한다.

③ 다각도 분석: 주요 이슈를 다양한 각도에서 분석한다.

④ 문화적 감수성: 다양한 문화적 배경을 고려한다.

⑤ 소수의견 존중: 주류 의견뿐만 아니라 소수의 의견도 고려한다.

♦ 활용 예시

다음은 기업의 새로운 근무 정책 도입에 대해 다양한 관점을 고려하는 예시다.

안녕하세요, A전자 인사담당 이사 박영희입니다. 오늘 우리 회사의 새로운 유연근무제 도입에 대해 설명해 드리고자 합니다. 이 정책은 다양한 이해관계자들의 의견을 종합적으로 고려하여 수립되었습니다.

1. 정책 전략 개요
    - 주 40시간 근무를 기본으로, 출퇴근 시간 자율 선택
    - 주 2일 재택근무 옵션 제공
    - 업무 특성에 따라 부서별로 세부 규정 조정 가능

2. 다양한 관점 고려

a) 직원 관점
    - 20-30대 직원: 대체로 환영. 일-생활 균형 개선 기대
    - 40-50대 직원: 일부 우려 존재. 팀워크 약화, 승진 기회 감소 등 걱정

- 육아 중인 직원: 매우 긍정적. 육아와 업무 병행에 도움
- 장애인 직원: 재택근무 옵션에 대해 특히 긍정적 반응

b) 관리자 관점
- 업무 조율과 성과 관리의 어려움 예상
- 팀 단합과 기업 문화 유지에 대한 우려

c) 노동조합 관점
- 전반적으로 긍정적이나, 초과근무 인정 기준 등에 대한 명확화 요구

d) 고객 관점
- 서비스 품질 유지에 대한 우려
- 24시간 고객 지원 필요 부서의 경우 운영 방식 조정 필요

e) 주주 관점
- 단기적 생산성 하락 우려
- 장기적으로 인재 유치 및 유지에 긍정적 영향 기대

f) 지역사회 관점
- 출퇴근 교통량 감소로 인한 환경 개선 기대
- 지역 소상공인: 점심시간 매출 감소 우려

3. 정책 보완 사항
- 관리자 대상 원격 팀 관리 교육 실시
- 성과 평가 시스템 개선으로 공정성 확보
- 사무실 협업 공간 확대로 대면 소통 기회 유지
- 지역 소상공인과의 제휴를 통한 직원 복지 프로그램 개발

4. 모니터링 및 조정 계획
- 분기별 직원 만족도 및 생산성 조사 실시
- 고객 서비스 품질 지표 지속 모니터링
- 6개월 후 종합 평가를 통해 정책 세부 조정 예정

결론:
유연근무제 도입은 다양한 이해관계자에게 각기 다른 영향을 미칠 것입니다. 우리는 이 모든 관점을 고려하여 최선의 방안을 마련하고자 노력했습니다. 그러나 이 정책이 완벽할 수는 없으며, 실행 과정에서 지속적인 피드백과 조정이 필요할 것입니다.

우리는 모든 이해관계자들의 의견을 경청하고, 함께 이 새로운 근무 문화를 만들어가고자 합니다. 여러분의 적극적인 참여와 건설적인 제안을 기대합니다. 감사합니다.

이 예시는 이해관계자 맵핑을 통해 직원, 관리자, 노동조합, 고객, 주주, 지역사회 등 다양한 그룹의 입장을 포괄적으로 분석했다. 적극적 경청 방식으로 각 그룹의 기대와 우려 사항을 면밀히 반영했으며, 정책 영향에 대한 다각도 분석을 실시했다. 세대 간, 직급 간 차이를 고려한 문화적 감수성을 발휘했고, 장애인 직원 및 지역 소상공인과 같은 소수 그룹의 관점도 정책 결정 과정에 포함시켰다.

◆　고려 사항

다양한 관점 고려 시 균형 유지가 필수적으로, 모든 관점을 동등하게 다루되 기업의 핵심 가치와 목표를 견지해야 한다. 현실성 확보 측면에서 모든 요구 사항의 반영은 불가능하므로 실현이 가능한 절충점을 도출해야 한다. 일관성 유지를 위해 다양한 관점을 고려하면서도 전체 메시지의 통일성을 훼손하지 않도록 신중해야 한다. 투명성 확보를 위해 고려된 관점들과 의사결정 과정을 명확히 공개해야 하며, 지속적 소통을 통해 일회성이 아닌 상시로 다양한 의견을 수렴하고 반영하는 체계를 구축해야 한다.

3

적대적 입장의 상대

적대적 입장의 상대를 설득하는 것은 가장 어려운 커뮤니케이션 과제다. 방어적이거나 공격적 태도로는 오히려 저항만 강화된다. 대신 세 가지 전략적 접근법을 통해 갈등 상황을 생산적인 대화로 전환할 수 있다.

공감적 경청은 상대방의 입장과 감정을 이해하고 존중하는 태도다. 상대방의 의견을 주의 깊게 듣고, 감정과 상황에 대한 이해를 표현하며, 즉각적 비판이나 반박을 자제한다. "귀사의 우려 사항을 이해합니다. 환경 영향에 대한 걱정은 매우 타당합니다"와 같은 접근은 방어벽을 낮추는 첫 단계다. 공감적 경청은 상대방이 진정으로 이해받는다고 느낄 때 효과적이며, 이는 대화의 문을 여는 열쇠다.

공통점 식별은 양측이 공유하는 이해관계, 가치, 목표를 찾아내는 전략이다. 갈등 상황에서도 반드시 공통 기반이 존재하며, 이를 발견하면 협력의 토대를 마련할 수 있다. 공동의 목표 식별, 기본적 가치 공유 확인, 상호 이익이 되는 요소 발견이 중요하다. "우리 모두 지속 가능한 발전과 지역사회의 번영을 원합니다"와 같은 공통점은 대화의 출발점이 된다. 공통점 식별은 진정성과 구체성을 갖출 때 효과적이다.

대안 제안은 갈등 상황에 대한 건설적이고 실행이 가능한 해결책을 제시하는 기법이다. 근본 원인 이해, 다양한 해결책 고려, 모든 당사자에게 이익이 되는 방안 모색, 단계적 접근이 포함된다. 대안은 문제의 본질을 다루면서도 상대방의 핵심 관심사를 해결해야 한다. "우리는 소음 문제 해결을 위해 야간 작업 시간을 조정하고 최신 방음 설비를 도입하겠습니다"와 같은 구체적 제안이 효과적이다. 대안은 실현이 가능하고 구체적이며 측정이 가능해야 한다.

이 세 가지 기법의 순차적 적용이 중요하다. 먼저 공감적 경청으로 상대방의 입장을 이해하고, 공통점 식별을 통해 협력의 기반을 마련한 후, 건설적인 대안을 제시한다. 이 과정은 적대적 관계를 단계적으로 협력적 관계로 전환시키는 열쇠다.

적대적 상대를 대할 때는 감정적 대응을 자제하고 전략적 인내심을 발휘해야 한다. 당장의 승리보다 장기적 관계 개선을 목표로 해야 한다. 이러한 접근법은 갈등 해결, 협상, 위기 관리 상황에서 특히 중요하며, 성공적으로 적용하면 적대적 관계를 생산적인 파트너십으로 전환할 수 있다.

(43) 상대방 입장 존중하기: 공감적 경청(Empathetic Listening)

상대방의 입장을 존중하는 것은 효과적인 커뮤니케이션과 관계 구축의 핵심이다. 이 기술을 잘 활용하면, 갈등 상황을 완화하고 협력적인 분위기를 조성할 수 있다.

◆　핵심 기법

공감적 경청(Empathetic Listening)은 상대방의 입장과 감정을 이해하고 존중하며 적극적으로 듣는 기법이다. 이 방법은 갈등 상황을 완화하고 협력적인 분위기를 조성하는 데 효과적이다. 주요 요소로는 경청, 공감 표현, 비판 자제, 존중의 언어 사용, 상호 이해 추구 등이 있다. 공감적 경청 과정에는 상대방의 말을 주의 깊게 듣기, 감정과 상황에 대한 이해 표현하기, 즉각적인 비판이나 반박 피하기, 존중하는 표현과 어조 사용하기, 양측의 입장을 고려한 해결책 모색하기 등의 단계가 포함된다.

이 기법을 적용할 때는 진정성 유지, 일관성 유지, 과도한 동의 주의, 구체적 행동 계획 수립, 지속적 소통 등에 주의해야 한다. 효과적인 공감적 경청은 갈등을 완화하고 협력적 관계를 구축하며 기업 이미지와 신뢰도를 높이는 데 도움을 주고, 고객 불만 처리, 노사 협상, 지역사회와의 갈등 해결, 기업 간 분쟁 조정 등 다양한 상황에서 활용될 수 있다. 상대방 입장을 존중하기 위한 주요 방법은 다음과 같다.

① 경청: 상대방의 말을 주의 깊게 듣고 이해하려 노력한다.

② 공감 표현: 상대방의 감정과 상황에 대한 이해를 표현한다.

③ 비판 자제: 즉각적인 비판이나 반박을 피하고 상대의 의견을 충분히 고려한다.

④ 존중의 언어 사용: 상대방을 존중하는 표현과 어조를 사용한다.

⑤ 상호 이해 추구: 양측의 입장을 모두 고려한 해결책을 모색한다.

◆ 활용 예시

다음은 기업과 환경단체 간의 갈등 상황에서 상대방 입장을 존중하는 예시다.

구분	내용
상황	A전자의 새로운 공장 건설 계획에 대해 지역 환경단체가 반대하고 있습니다.
A전자 CEO의 성명서	존경하는 OO연합 관계자 여러분, 그리고 OO주민 여러분께, 먼저, 우리 A전자의 새로운 공장 건설 계획에 대한 여러분의 우려와 의견에 깊은 관심을 기울이고 있음을 말씀드립니다. 여러분의 입장을 경청하고 이해하는 것이 이 문제의 해결을 위한 첫걸음이라고 믿습니다. 1. 환경보호에 대한 공감 여러분이 우리 지역의 자연환경과 생태계를 보호하고자 하는 열정과 노력에 깊은 존경을 표합니다. 깨끗한 환경을 후손들에게 물려주어야 한다는 여러분의 신념에 전적으로 동의합니다. 우리 A전자 역시 환경보호를 기업의 핵심 가치로 삼고 있습니다. 2. 우려 사항에 대한 인정 새로운 공장 건설이 지역 환경에 미칠 수 있는 잠재적 영향에 대한 여러분의 우려를 충분히 이해합니다. 대기오염, 수질오염, 생태계 파괴 등에 대한 걱정은 매우 타당하며 중요한 지적입니다. 3. 지역사회와의 상생 의지 A전자는 단순히 이익만을 추구하는 기업이 아닌, 지역사회와 함께 성장하는 기업이 되고자 합니다. 여러분이 제기하신 문제들은 우리가 반드시 해결해야 할 과제라고 생각합니다. 4. 대화와 협력 제안 우리는 이 문제를 여러분과의 열린 대화와 협력을 통해 해결하고자 합니다. 환경 전문가들과 지역 주민들이 참여하는 '환경영향평가위원회'를 구성하여, 공장 건설의 모든 과정을 투명하게 공개하고 지속해서 의견을 수렴하고자 합니다.

구분	내용
A전자 CEO의 성명서	5. 구체적 제안 – 최첨단 친환경 기술을 적용한 공장 설계 – 지역 생태계 보존을 위한 대규모 녹지 조성 – 지역 환경 모니터링 시스템 구축 및 데이터 공개 – 환경 개선을 위한 지역사회 투자 기금 조성 우리는 경제 발전과 환경 보호가 결코 양립할 수 없는 가치가 아니라고 믿습니다. 오히려 이 두 가지 목표를 동시에 추구함으로써, 우리는 더 지속 가능하고 혁신적인 미래를 만들어갈 수 있을 것입니다. A전자는 여러분의 의견을 경청하고, 우려 사항을 해소하기 위해 최선을 다할 것을 약속해 드립니다. 우리가 함께 지혜를 모은다면, 환경도 지키고 지역 경제도 발전시키는 해결책을 찾을 수 있을 것이라 확신합니다. 여러분의 건설적인 제안과 협력을 기대하며, 열린 마음으로 대화에 임하겠습니다. 감사합니다.

이 예시는 상대방 우려 사항에 대한 주의 깊은 경청 자세를 명시적으로 표현했다. 환경보호의 중요성에 대한 진정성 있는 공감 표현을 통해 상대방의 가치를 인정했으며, 상대방 입장에 대한 비판을 자제하고 그 타당성을 수용하는 태도를 보였다. "존경", "이해합니다", "타당합니다"와 같은 존중의 언어를 전략적으로 활용했고, 상호 이해 추구 차원에서 환경 보호와 경제 발전의 양립 가능성을 제시하는 중재안을 도출했다.

상대방 입장 존중 시 진정성 유지가 필수적으로, 형식적 존중이 아닌 진정한 이해와 존중의 태도를 보여야 한다. 일관성 유지를 위해 말과 행동의 일치가 중요하며, 과도한 동의는 지양하고 합리적 범위 내에서 자사의 입장도 명확히 설명해야 한다. 구체적 행동 계획을 통해 존중의 표현에서 그치지 않고 실질적 대응 방안을 제시해야 하며, 지속적 소통을 바탕으로 일회성이 아닌 계속적인 협력 관계를 구축해야 한다.

(44) 공통 기반 찾기: 공통점 식별(Identification of Common Ground)

공통 기반을 찾는 것은 갈등 상황이나 협상에서 합의점을 도출하는 데 매우 중요한 전략이다. 이 기술을 효과적으로 활용하면, 서로 다른 입장 사이에서 접점을 찾고 협력의 토대를 마련할 수 있다.

◆　핵심 기법

공통점 식별(Identification of Common Ground)은 갈등 상황이나 협상에서 양측이 공유하는 이해관계, 가치, 목표 등을 찾아내어 합의점 도출의 기반을 마련하는 기법이다. 이 방법은 서로 다른 입장 사이에서 접점을 찾고 협력의 토대를 마련하는 데 효과적이다. 주요 요소로는 공동의 목표 식별, 가치 공유 확인, 상호 이익 발견, 과거의 성공 경험 활용, 외부 요인에 대한 공동 대응 등이 있다. 공통점 식별 과정에는 양측이 공유하는 궁극적 목표 찾기, 기본적으로 공유하는 가치나 원칙 확인하기, 양측 모두에게 이익이 되는 요소 찾기, 과거 성공 경험 상기시키기, 공동 대응이 필요한 외부 요인 파악하기 등의 단계가 포함된다.

이 기법을 적용할 때는 진정성 유지, 균형 유지, 구체성 확보, 유연성 유지, 지속적 노력 등에 주의해야 한다. 효과적인 공통점 식별은 갈등을 완화하고 협력적 관계를 구축하며 장기적인 상호 이익 실현에 도움을 주고, 노사 협상, 기업 간 제휴, 지역사회와의 갈등 해결, 국제 비즈니스 협상 등 다양한 상황에서 활용될 수 있다. 공통 기반을 찾기 위한 주요 방법은 다음과 같다.

① 공동의 목표 식별: 양측이 공유하는 궁극적인 목표를 찾는다.
② 가치 공유 확인: 기본적으로 공유하는 가치나 원칙을 확인한다.
③ 상호 이익 발견: 양측 모두에게 이익이 되는 요소를 찾는다.
④ 과거의 성공 경험 활용: 과거에 함께 성공했던 경험을 상기시킨다.

외부 요인에 대한 공동 대응: 양측 모두에게 영향을 미치는 외부 요인을 함께 해결하는 방안을 모색한다.

◆ 활용 예시

다음은 기업과 노동조합 간의 임금 협상 상황에서 공통 기반을 찾는 예시다.

구분	내용
상황	A전자와 노동조합이 연례 임금 협상을 진행 중입니다. 회사 측은 경영 환경의 어려움을 이유로 임금 동결을 주장하고, 노조는 10% 임금 인상을 요구하고 있습니다.
A전자 CEO의 발언	존경하는 노동조합 대표님과 조합원 여러분, 우리가 현재 서로 다른 입장에 서 있는 것처럼 보이지만, 사실 우리는 많은 부분에서 공통된 기반을 갖추고 있습니다. 이 공통점을 바탕으로 우리의 대화를 시작했으면 합니다. 1. 공동의 목표: 기업의 지속 가능한 성장 　우리는 모두 A전자가 지속해서 성장하기를 원합니다. 이는 주주에게는 투자 가치의 증대를, 임직원에게는 고용 안정과 더 나은 처우를 의미합니다. 우리의 협상은 이 공동의 목표를 향해 가는 과정이어야 합니다. 2. 공유 가치: 공정성과 투명성 　우리는 모두 공정하고 투명한 의사결정을 중요하게 여깁니다. 이번 협상 과정에서도 이 가치를 지키며, 서로의 입장을 이해하고 존중하는 자세로 임하겠습니다. 3. 상호 이익: 생산성 향상 　임금 인상과 기업의 수익성 개선은 생산성 향상을 통해 동시에 달성할 수 있습니다. 우리가 함께 생산성을 높이는 방안을 모색한다면, 이는 곧 회사와 직원 모두에게 이익이 될 것입니다.

구분	내용
A전자 CEO의 발언	**4. 과거의 성공 경험: 2019년 위기 극복** 우리는 2019년 글로벌 경제 위기 때 임금 반납과 원가 절감 노력을 통해 함께 위기를 극복한 경험이 있습니다. 당시 우리가 보여준 연대와 협력의 정신을 다시 한번 발휘할 수 있을 것입니다. **5. 외부 요인에 대한 공동 대응: 기술 혁신과 글로벌 경쟁** 우리 산업은 급격한 기술 변화와 치열한 글로벌 경쟁에 직면해 있습니다. 이러한 도전에 대응하기 위해서는 회사와 노조가 힘을 모아야 합니다. 임금 협상을 넘어, 기술 혁신과 경쟁력 강화를 위한 공동의 노력이 필요한 시점입니다. 이러한 공통 기반을 바탕으로, 저는 다음과 같은 제안을 드리고 싶습니다. 1. 기본급 인상률은 물가상승률에 연동하되, 2. 성과급 제도를 개선하여 회사의 실적이 좋을 때 직원들에게 더 많은 혜택이 돌아가도록 하고, 3. 생산성 향상 프로그램을 노사가 공동으로 운영하여 그 성과를 공유하는 방안을 마련하겠습니다. 우리가 이렇게 공통의 기반 위에서 서로의 입장을 이해하고 대화를 나눈다면, 반드시 좋은 해결책을 찾을 수 있을 것입니다. 노조 측의 의견을 경청하고 함께 최선의 방안을 모색해 나가겠습니다. 감사합니다.

이 예시는 기업의 지속 가능한 성장이라는 공동 목표 식별을 통해 이해관계자 간 공통 방향성을 설정했다. 공정성과 투명성이라는 공유 가치 확인을 통해 원칙적 공감대를 형성했으며, 생산성 향상을 통한 윈윈(Win-Win) 전략 제안으로 상호 이익의 가능성을 구체화했다. 2019년 위기 극복 경험을 상기시키는 과거의 성공

경험 활용으로 역사적 연대감을 강화했고, 기술 혁신과 글로벌 경쟁이라는 외부 요인에 대한 공동 대응 필요성을 제시함으로써 협력의 당위성을 확립했다.

♦ 고려 사항

공통 기반 찾기에서 진정성 유지가 중요하며, 표면적 공통점이 아닌 실질적이고 의미 있는 공통 기반을 발굴해야 한다. 균형 유지 측면에서 어느 한쪽에 치우치지 않고 양측의 이익을 공정하게 고려해야 하며, 구체성 확보를 위해 추상적 공통점보다는 실행이 가능한 구체적 공통 기반을 도출해야 한다. 유연성 유지를 통해 초기부터 완벽한 공통점을 찾기보다 단계적으로 공통 기반을 확장해 가는 접근법이 효과적이며, 지속적 노력을 바탕으로 공통 기반 찾기가 일회성이 아닌 계속적인 과정임을 인식해야 한다.

(45) 건설적인 대안 제시하기: 대안 제안(Alternative Proposition)

건설적인 대안을 제시하는 것은 문제 해결과 협상에서 매우 중요한 전략이다. 이 기술을 효과적으로 활용하면, 갈등 상황을 생산적인 방향으로 이끌고 모든 당사자에게 만족스러운 해결책을 도출할 수 있다.

◆　핵심 기법

대안 제안(Alternative Proposition)은 갈등 상황이나 문제에 대해 건
설적이고 실행이 가능한 해결책을 제시하는 기법이다. 이 방법은
갈등 상황을 생산적인 방향으로 이끌고 모든 당사자에게 만족스
러운 해결책을 도출하는 데 효과적이다. 주요 요소로는 문제의 본
질 파악, 다양한 옵션 고려, 상호 이익 추구, 객관적 기준 활용, 단
계적 접근 등이 있다. 대안 제안 과정에는 근본 원인 이해하기, 다
양한 해결책 모색하기, 모든 당사자에게 이익이 되는 방안 모색하
기, 공정하고 객관적인 기준 활용하기, 점진적이고 단계적인 해결
방안 제시하기 등의 단계가 포함된다.

이 기법을 적용할 때는 실현 가능성 확보, 구체성 유지, 유연성
확보, 책임감 있는 접근, 지속적인 소통 등에 주의해야 한다. 효과
적인 대안 제안은 위기를 기회로 전환하고 이해관계자들과의 관
계를 개선하며 기업의 평판과 경쟁력을 높이는 데 도움을 주고,
고객 불만 해결, 노사 협상, 지역사회 갈등 중재, 비즈니스 파트너
십 구축 등 다양한 상황에서 활용될 수 있다. 건설적인 대안을 제
시하기 위한 주요 방법은 다음과 같다.

① 문제의 본질 파악: 표면적 이슈 너머의 근본 원인을 이해
　　한다.

② 다양한 옵션 고려: 여러 가지 가능한 해결책을 모색한다.

③ 상호 이익 추구: 모든 당사자에게 이익이 되는 방안을 모색한다.

④ 객관적 기준 활용: 공정하고 객관적인 기준을 바탕으로 대안을 제시한다.

⑤ 단계적 접근: 필요한 경우 점진적이고 단계적인 해결 방안을 제안한다.

♦ 활용 예시

다음은 환경 문제로 인한 지역사회와의 갈등 상황에서 건설적인 대안을 제시하는 예시다.

구분	내용
상황	A전자의 공장 운영으로 인한 소음과 폐수 문제로 지역 주민들이 항의하고 있습니다.
A전자 CEO의 대안 제시	존경하는 ○○주민 여러분, 우리 A전자 공장 운영으로 인해 여러분께서 겪고 계신 불편에 대해 진심으로 사과드립니다. 여러분의 우려와 불만을 깊이 이해하고 있으며, 이 문제를 해결하기 위해 다음과 같은 건설적인 대안을 제시하고자 합니다. 1. 즉각적인 소음 저감 조치 　－ 단기 대책: 야간 작업 시간 조정 (오후 10시 이후 소음 발생 작업 중단) 　－ 중기 대책: 최신 소음 저감 설비 도입 (3개월 내 완료, 50% 소음 감소 효과) 　－ 장기 대책: 공장 건물 방음 구조 개선 (1년 내 완료, 추가 30% 소음 감소)

구분	내용
A전자 CEO의 대안 제시	2. 폐수 관리 시스템 혁신 – 첨단 수처리 시설 즉시 가동 (현재 설치 완료, 가동 대기 중) – 제3자 기관의 정기적 수질 검사 및 결과 공개 (월 1회) – 지역 하천 정화 사업 지원 (연간 10억 원 투자) 3. 투명한 정보 공개와 주민 참여 – 환경 영향 모니터링 위원회 설립 (주민 대표, 전문가, 회사 관계자로 구성) – 실시간 환경 데이터 공개 시스템 구축 (웹사이트 및 모바일 앱 통해 제공) – 분기별 주민 간담회 개최 (의견 수렴 및 개선 사항 논의) 4. 지역사회 상생 프로그램 – 지역 주민 우선 채용 제도 도입 (신규 채용의 30% 할당) – 지역 업체 협력 확대 (총구매액의 20%를 지역 업체에서 조달) – 주민 복지 기금 조성 (연간 영업이익의 3% 출연) 5. 환경 기술 혁신 센터 설립 – 친환경 생산 기술 연구 센터 지역 내 설립 (100명 규모 연구 인력 채용) – 지역 대학과의 산학 협력 강화 (장학금 지원 및 인턴십 프로그램 운영) – 환경 기술 스타트업 인큐베이팅 프로그램 운영 이러한 대안들은 즉각적인 문제 해결부터 장기적인 상생 방안까지 포괄적으로 고려한 것입니다. 우리는 이를 통해 현재의 환경 문제를 해결함과 동시에, 지역사회와 함께 성장하는 새로운 모델을 만들어갈 수 있을 것입니다. 이 제안은 시작점일 뿐입니다. 우리는 여러분의 의견을 듣고 함께 이 계획을 발전시켜 나가고자 합니다. 각 제안에 대한 여러분의 생각과 추가적인 아이디어를 환영합니다.

구분	내용
A전자 CEO의 대안 제시	우리가 서로 이해하고 협력한다면, 이 위기를 오히려 기회로 만들 수 있을 것입니다. A전자는 OO지역의 자랑스러운 일원으로서, 환경 보호와 지역 발전에 기여하는 기업이 되겠습니다. 여러분의 참여와 협조를 부탁드립니다. 감사합니다.

이 예시는 소음, 폐수, 정보 부족, 지역 경제 기여 부족 등 다층적 분석을 통한 문제의 본질 파악에서 출발했다. 즉각적 조치부터 장기적 계획까지 폭넓은 시간대별 다양한 옵션 고려를 통해 종합적 해결책을 제시했으며, 환경 개선, 일자리 창출, 지역 경제 활성화 등 복합적 이해관계를 포괄하는 상호 이익 추구 방안을 도출했다. 제3자 기관의 검사, 데이터 공개 등 객관적 기준 활용을 통해 해결책의 신뢰성을 확보했고, 단기, 중기, 장기로 구분된 단계적 접근법으로 현실적이고 지속 가능한 해결 방안을 체계화했다.

♦   고려 사항

건설적인 대안 제시 시 실현 가능성 확보가 핵심으로, 현실적으로 실행이 가능한 대안만을 제안해야 한다. 구체성 유지를 위해 추상적 약속이 아닌 구체적이고 측정이 가능한 계획을 명확히 제시해야 하며, 유연성 확보 차원에서 제시된 대안을 논의와 협의를 통해 수정할 수 있는 여지를 확보해야 한다. 책임감 있는 접근을 통해 제안된 대안을 실천할 수 있는 의지와 능력을 분명히 해야 하고, 지속적인 소통을 바탕으로 대안 제시로 종료되는 것이 아닌 계속적인 대화와 피드백 체계를 구축해야 한다.

설득 사회와 그 적들

현대 사회는 설득의 시대다. 개인과 기업, 국가의 성패가 얼마나 효과적으로 자신의 입장을 전달하고 상대를 설득하느냐에 달려 있다. 그러나 역설적으로 설득의 중요성이 커질수록, 진정한 논증은 실종되고 있다.

많은 기업들이 위기 상황에 직면했을 때 보이는 행태는 놀라울 정도로 유사하다. 체계적인 논증 구조를 고민하기보다는 임시방편적 레토릭으로 상황을 모면하려 한다. "소비자 안전이 최우선입니다", "철저히 조사하겠습니다", "재발 방지에 최선을 다하겠습니다"와 같은 진부한 문구들이 논증을 대체한다. 이것은 마치 빈 그릇에 화려한 장식을 하는 것과 같다.

설득은 수사학적 기교나 감정적 호소만으로 이루어지지 않는다. 그것은 체계적인 논증 구조, 검증이 가능한 근거, 명확한 추론 과정이 필요하다. 특히 위기 상황에서는 더욱 그렇다.

모든 문제 해결과 위기 대응 커뮤니케이션의 뿌리는 진정성에 기반한 책임감이다. 그러나 진정성만으로는 충분하지 않다. 이러한 기업의 마음을 체계화한 논증이 필수적이다. 진정성은 논증의 동력이 되고, 논증은 진정성의 증명이 된다. 이 둘은 상호보완적이다.

나는 25년간의 위기 대응 컨설팅 경험을 통해 한 가지 확신을 갖게 되었다. 위기를 기회로 전환한 기업들은 예외 없이 진정성과 논증을 결합한 기업들이었다. 그들은 문제를 인정하고, 원인을 분석하며, 해결책을 제시하고, 재발 방지 계획을 설명하는 체계적인 논증 구조를 통해 오히려 신뢰를 높였다. 설득 사회에서 성공하는 것은 단순히 말을 잘하는 것이 아니다. 그것은 생각을 체계화하고, 근거를 수집하며, 논리를 구성하는 치밀한 과정이다. 이 책에서 소개한 45가지 논증 전략은 그 과정을 돕기 위한 도구이다.

우리는 레토릭의 화려함이 아닌, 논증의 견고함으로 판단 받는 시대에 살고 있다. 진정한 설득의 힘은 화려한 수사가 아닌, 체계적 논증에서 나온다. 그리고 그 논증의 뿌리는 진정성과 책임감이라는 굳건한 토양에서 자라날 때 가장 강력해진다. 체계적인 논증을 통한 설득은 단순한 기술이 아니다. 그것은 더 나은 의사결정, 더 투명한 소통, 더 책임감 있는 리더십을 위한 필수 요소다. 우리 사회의 모든 구성원이 주장을 넘어 논증으로 나아갈 때, 우리는 더 나은 대화와 의사결정을 기대할 수 있을 것이다.

말하는 것을 넘어, 설득하는 법을 배워라. 주장하는 것을 넘어, 논증하는 법을 익혀라. 그것이 설득 사회에서 살아남고 번영하는 방법이다.

주장하지 말고
논증하라

초판인쇄 2025년 8월 8일
초판발행 2025년 8월 8일

지 은 이 최승호
펴 낸 이 채종준
펴 낸 곳 한국학술정보(주)
주   소 경기도 파주시 회동길 230(문발동)
전   화 031-908-3181(대표)
팩   스 031-908-3189
투고문의 ksibook1@kstudy.com
등   록 제일산-115호(2000. 6. 19)

ISBN   979-11-7457-105-2 13330

이담북스는 한국학술정보(주)의 학술/학습도서 출판 브랜드입니다.
이 시대 꼭 필요한 것만 담아 독자와 함께 공유한다는 의미를 나타냈습니다.
다양한 분야 전문가의 지식과 경험을 고스란히 전해 배움의 즐거움을 선물하는 책을 만들고자 합니다.